Stundenblätter
Hiob – der Mensch im Leid

W0056054

Manfred Häußler/Albrecht Rieder

Stundenblätter
Hiob – der Mensch im Leid

Sekundarstufe I

Beilagen:
29 Seiten Stundenblätter
+ 6 Arbeitsblätter zum Kopieren

Ernst Klett Verlag für Wissen und Bildung
Stuttgart · Dresden

Stundenblätter Religion werden herausgegeben von Dr. Uwe Stamer

Als Ergänzung zu den vorliegenden Stundenblättern
sind erschienen:
Materialien Hiob – der Mensch im Leid
(Hrsg. Manfred Häußler / Albrecht Rieder)
Klettbuch 26882

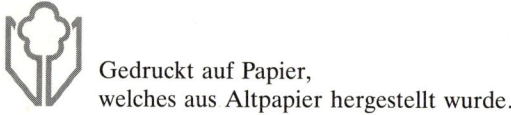 Gedruckt auf Papier,
welches aus Altpapier hergestellt wurde.

Die Deutsche Bibliothek – CIP-Einheitsaufnahme

Häußler, Manfred:
Stundenblätter Hiob – der Mensch im Leid:
Sekundarstufe II / Manfred Häußler/Albrecht Rieder. –
1. Aufl. – Stuttgart; Dresden:
Klett, Verlag für Wissen und Bildung, 1994
(Stundenblätter Religion)
ISBN 3-12-926719-0
NE: Rieder, Albrecht:

1. Auflage 1994
Alle Rechte vorbehalten
Der Verlag genehmigt die Vervielfältigung der entsprechend
gekennzeichneten Seiten in der Beilage. Im Kaufpreis ist die
Gebühr für Kopien dieser Seiten zur Ausgabe an Schüler enthalten.
© Ernst Klett Verlag für Wissen und Bildung GmbH, Stuttgart 1994
Satz: G. Müller, Heilbronn; Wilhelm Röck, Weinsberg
Druck: Wilhelm Röck, Weinsberg
Einbandgestaltung: Zembsch' Werkstatt, München
ISBN 3-12-926719-0

Inhalt

*S. Lebenszeichen 9/10, S. 181
Umgang mit Leid*

Zur Leidfrage im Unterricht

„Unser Anliegen, das eigentliche, läßt sich bestenfalls umschreiben, und das heißt ganz wörtlich: man schreibt darum herum. Man umstellt es. Man gibt Aussagen, die nie unser eigentliches Erlebnis enthalten, das unsagbar bleibt; sie können es nur umgrenzen, möglichst nahe und genau, und das Eigentliche, das Unsagbare, erscheint bestenfalls als Spannung zwischen den Aussagen. Unser Streben geht vermutlich dahin, alles auszusprechen, was sagbar ist; die Sprache ist wie ein Meißel, der alles weghaut, was nicht Geheimnis ist, und alles Sagen bedeutet Entfernen ... Immer besteht die Gefahr, daß man das Geheimnis zerschlägt, und ebenso die andere Gefahr, daß man vorzeitig aufhört, daß man es einen Klumpen sein läßt, daß man das Geheimnis nicht stellt, nicht faßt, nicht befreit von allem, was immer noch sagbar wäre, kurzum, daß man nicht vordringt zu seiner letzten Oberfläche." (Max Frisch, Tagebuch 1946–49, in: Gesammelte Werke, Bd. II/2, Frankfurt 1976, S. 378f.)

Diese Sätze aus dem Tagebuch von Max Frisch können auch als Leitsätze für die Unterrichtseinheit ‚Hiob – der Mensch im Leid' gelten. Jedes Sprechen über Leid gerät nicht selten in die Gefahr, daß man das Geheimnis des Leides vorschnell zerredet. Auschwitz – Ort unsagbaren Leides in diesem Jahrhundert – kann nicht begriffen und nicht versprachlicht werden. Gerade hier zeigt sich, wie jedes Begreifenwollen von Leid in seiner Vielfalt und Übermächtigkeit den Leidenden gegenüber zynisch bliebe. Leid ist nicht theoretisch zu verstehen, sondern letzten Endes nur existentiell zu bestehen. Jede noch so geringe praktische Hilfe im Leid ersetzt

daher dieses Unterrichtsmodell, ja ganze Bibliotheken zum Leid.

Andererseits spricht Max Frisch aber auch von der Gefahr, „daß man vorzeitig aufhört, daß man es [das Geheimnis] einen Klumpen sein läßt." Bei aller Gefahr des Zerredens drängt Leid zur Reflexion und sucht Sprache. Gerade wer Leid erlebt, beginnt zu fragen, spricht mit andern, sucht oft quälend nach einem Warum. Wer sich fragend zu seinem Leid äußert, versucht darin, sich mit Leid auseinanderzusetzen.

Jede Umfrage bestätigt: Leid ist „der Fels des Atheismus" (Georg Büchner). Wo Unglaube heute überhaupt noch begründet wird, ist das Leid der schärfste Einwand gegen einen gütigen Gott. Glaube und Religionsunterricht müssen sich dieser Anfrage stellen, ob und wie Leid und der Glaube an einen liebenden Gott zu vereinbaren sind.

So sieht sich jedes unterrichtliche Reden vor ein spannungsvolles Paradox gestellt: dem Leiden angemessen ist ein Schweigen, eine Sprachlosigkeit. Dieses Schweigen muß aber durch die Sprache erst hindurchgehen und dadurch präzisiert werden. Tiefstem Leiden entspricht in noch so fragender Rede ein je größeres Schweigen. Biblisch gesprochen: dem über sieben Tage und Nächte sich erstreckenden Schweigen der Freunde Hiobs (vor ihren fragwürdigen Rechtfertigungsversuchen) steht neutestamentlich der Kreuzesschrei Jesu gegenüber: „Mein Gott, mein Gott, warum hast du mich verlassen?"

Nur im Horizont dieser Einschränkung jeder Rede vom Leid ist mit diesem Unterrichtsmodell zu arbeiten.

Zu fragen bleibt nun, ob Schüler in der

Sekundarstufe I einen Zugang zur Leid-frage haben. Heute ist eine einheitliche weltanschauliche Einstellung der Schüler nicht mehr gegeben. Was sie eint, ist der ‚freie Fall': nicht festgelegt, weltanschau-liches ‚anything goes', kirchlich abstinent, offen und gleichgültig, sozial engagiert und konsumorientiert. Diese Vielfalt der Einstellungen läßt sich auch bei der Leid- und Gottesfrage feststellen. Auch Schüler leben nicht in einem leidfreien Raum, sie werden unterschiedlich mit der Leid- und Gottesfrage konfrontiert. In der Regel bleibt die Leidfrage bei Jugendlichen wie Erwachsenen zwar weitgehend unreflek-tiert, stellt aber für die Gottesbeziehung dennoch ein erstes und schwerwiegendes Hindernis dar. Nach Ralph Sauer leiden Jugendliche persönlich unter „Einsam-keit", einer „zerbrochenen Liebesbezie-hung", der „Auseinandersetzung mit den eigenen Eltern", „unter der Schule, unter ihren Leistungsanforderungen und unter dem umstrittenen und ungerechten No-tensystem", unter „Lehrstellenmangel, Arbeitslosigkeit" und, wie alle Leiden zu-sammenfassend, „an der Ziel- und Sinnlo-sigkeit unserer Zeit". Nicht nur persönli-ches, auch gesellschaftliches Leid betrifft Jugendliche. Besonders Hunger und Elend, die „drohende ökologische Kata-strophe" können zu Daseins- und Zu-kunftsangst bei den Jugendlichen führen. (Vgl. den klaren Überblick über diese Leidsituationen in R. Sauer, Gott – lieb und gerecht?, Freiburg 1991, S. 2–10) Demgegenüber steht die andere Erfah-rung, daß Schüler unempfindsam, ja gleichgültig gegenüber Leid sind. Der Glanz des Konsums blendet, macht blind gegen die tiefere Erfahrung der dunklen Seiten im Leben. Sie wollen sich nicht im Augenblickserleben unterbrechen lassen und suchen schnelle Bedürfnisbefrie-digung. Im Nebel des Wohlstandes treten existentielle Fragen zurück, die vielbe-schworene Offenheit der Jugendlichen verkommt zur Unverbindlichkeit. Genuß wird zu einem obersten Lebensgrundsatz vieler Schüler.

In einer Spannung von persönlicher Leid-erfahrung bis hin zu fragloser Gleichgül-tigkeit wird diese Unterrichtseinheit ihren Ort bei den Jugendlichen der Sekundar-stufe I suchen müssen. Vor diesem Hin-tergrund verschränkt diese Einheit drei verschiedene Ebenen miteinander:

1. Eigenes und fremdes Leid

Aus dem Meer erfahrbaren Leides wer-den im Unterricht persönliche und gesell-schaftliche Leiderfahrungen eigens ange-sprochen (1./2., 4./5. Std.). Dann werden mögliche Haltungen im Leid und gegen-über Leidenden vorgestellt. Dabei wird die Haltung gläubigen Mitleidens beson-ders akzentuiert (15./16. Std.). Diese sechs Stunden sind als Versuch zu verste-hen, die Erfahrungsebene der Schüler an-zusprechen und mit der theologischen Fragestellung zu verbinden.

2. Die Gestalt des Hiob

Die Grundfrage des Hiobbuches und des Unterrichts ist die Frage, wie Leid exi-stentiell zu bestehen ist. Eine literarkriti-sche und exegetische Bestandsaufnahme des Hiobbuches ist hier weder möglich noch beabsichtigt. Dennoch einige An-merkungen:
Weitgehend unumstritten ist, daß das Hi-obbuch in eine Rahmenerzählung oder Hiobnovelle (Hiob 1,1–2,10; 42,7–17) und den dialogischen Hauptteil (Freunde – Hiob, Gott – Hiob) oder Hiobdrama (3,1–42,6) gegliedert werden kann. Um-stritten ist allerdings die Einheitlichkeit des Buches, ob ein einziger Redaktor die ältere Rahmenerzählung mit dem nach-exilischen Hiobdrama zu einer theologi-

schen Einheit verbunden hat (so Claus Westermann) oder ob die Einzelteile zwar von einem Endredaktor zusammengefügt wurden, aber von verschiedenen Autoren stammen und theologisch unverbunden stehen bleiben. Im Unterricht wird die Einheitlichkeit des Hiobbuches zwar vorausgesetzt, aber die unterschiedlichen Gottesbeziehungen Hiobs von geduldiger Annahme einerseits und rebellischer Klage andererseits werden besonders herausgearbeitet. Das Buch hat seine endgültige Form in nachexilischer Zeit gefunden und gehört gattungsmäßig zur Weisheitsliteratur.

In den Einzelstunden stehen der leidende Hiob, die Reaktion seiner Frau und seiner Freunde im Vordergrund. Seine Frau rät zur Ablehnung Gottes, seine Freunde distanzieren sich von Hiob und von Gott durch ihre rationalistischen Deutungsversuche (Leid als Erziehungsmaßnahme, als Strafe). Hiob und Gott lehnen diese Deutungsversuche ab. Hiob wendet sich klagend Gott zu, und klagend hält er an Gott fest. Er setzt also voraus, daß Gott ihn hört. Die Klage Hiobs ist keine Absage an Gott, sondern muß als Äußerung des Glaubens verstanden werden.

3. Der trinitarische Gott und das Leid

Nimmt Gott im Hiobbuch den klagenden Hiob bereits ernst, indem er ihm antwortet und die Deutungsversuche der Freunde verwirft, so erfährt das Verhältnis Gottes zum Leid im NT eine radikal neue Qualität. In Jesus Christus wird Gott Mitbetroffener im Leid. In Tod und Auferstehung Jesu offenbart Gott seine Nähe im Leid und zu Leidenden. Dadurch wird Hoffnung auf eine endgültige Überwindung von Leid gestiftet. „Im äußersten sinnlosen Leid haben Juden, aber auch Christen die Gestalt des Hiob vor Augen, die zweierlei erkennen läßt: Gott ist und bleibt für den Menschen letztlich unbegreiflich, und doch ist dem Menschen die Möglichkeit geschenkt, diesem unbegreiflichen Gott statt Resignation oder Verzweiflung ein unerschütterliches, unbedingtes Vertrauen entgegenzubringen. Von Hiob her können Menschen darauf vertrauen, daß Gott auch des Menschen Protest gegen das Leid respektiert und sich schließlich doch als sein Schöpfer manifestiert, der ihn vom Leiden erlöst.

Für Christen – und warum schließlich nicht auch für Juden? – scheint im äußersten Leid über die [letztlich doch fiktive] Gestalt des Ijob hinaus die wahrhaft historische Gestalt des leidenden und sterbenden ‚Gottesknechtes‘ (vgl. Jes. 52,13 – 53,12), des Schmerzensmannes aus Nazareth auf." (Hans Küng, Credo, Das Apostolische Glaubensbekenntnis – Zeitgenossen erklärt, München 1992, S. 124f.)

In dieser Unterrichtseinheit wird der seltene Versuch gewagt, Leid trinitarisch aufzuarbeiten. Gott, der Schöpfer, antwortet Hiob, in Jesus leidet er mit den Menschen, im Heiligen Geist steht er Leidenden bei (10.–13. Std.). Gerade der Zusammenhang von Heiligem Geist und Leiden wird für den Unterricht kaum bedacht, obwohl im NT der Heilige Geist als Tröster und Beistand erscheint.

Methodische Vorüberlegungen

Die Unterrichtseinheit ‚Hiob – der Mensch im Leid‘ ist für die Sekundarstufe I geplant. Dem Entwurf liegen folgende, auf Schüler dieser Altersstufe ausgerichtete didaktische Überlegungen zugrunde:

– Es werden arbeitsunterrichtliche Verfahren bevorzugt, d. h. die Thematik wird weitgehend in Arbeitsaufträgen und damit in einem hohen Maß durch Schülerselbsttätigkeit erschlossen.

– Der Textlastigkeit des Religionsunterrichts wird durch den Einsatz visueller Medien entgegengewirkt (Video zur Asylproblematik 4./5. Std., Film zur Situation Wohnungsloser 15./16. Std.). Daneben wird auf die didaktische Erschließung von Bildern besonderen Wert gelegt. Der Offenheit von Bildern entspricht ein offenerer Unterrichtsgang, der mitunter mehr Zeit als geplant erfordern kann (vgl. 6., 9., 12., 13. Std.). In zwei Stunden werden Texte bildlich bzw. graphisch umgesetzt (7./8. Std., 15./16. Std.), um deren Inhalte zu veranschaulichen.

– Der Unterricht enthält auch spielerische Elemente, nicht zuletzt aus Motivationsgründen (Pantomime 7./8. Std., Textpuzzle 13. Std., Lückentexte 1., 11. Std.).

– Theologische Texte werden nur in wenigen Stunden eingesetzt, um die Schüler dieser Altersstufe intellektuell nicht zu überfordern. Es ist darauf zu achten, daß den Schülern ausreichend Gelegenheit zu eigener Stellungnahme gegeben wird. In diesen Texten werden theologische und existentielle Positionen zum Ausdruck gebracht (10., 11. Std.), die bei den Schülern Zustimmung oder Widerspruch auslösen können.

Angesichts der schweren Sachproblematik kann nur die Kombination verschiedener Methoden und Medien einen Zugang ermöglichen. Gerade in der für die Sekundarstufe I feineren Didaktisierung muß dem Lehrer bewußt sein, daß eine didaktische Aufarbeitung von Leid fragwürdig bleibt.

Die gesamte Einheit ist in vier Teileinheiten untergliedert:

1. Die Grenzerfahrung Leid

In den ersten 5 Stunden wird das Phänomen Leid am Beispiel eines schwerkranken Mädchens und eines AIDS-Kranken in seiner individuellen Ausprägung erarbeitet. Gesellschaftliches Leid wird am Beispiel der Asylproblematik dargestellt. Es wird deutlich, daß Leid an persönliche und soziale Grenzen menschlichen Daseins führen kann. Grenzen engen ein, widerfahren, aber innerhalb dieser Grenzen bleibt den Leidenden Gestaltungsraum. Leidende können die Grenzen bejahen oder an ihnen zerbrechen.

Die Auswahl der Beispiele zielt auf Schülernähe und somit auf Betroffenheit. So begegnen die Schüler in dieser Teileinheit neben negativen auch positiven, lebensbejahenden Aspekten einer Leidsituation und neben einer verzweifelten auch einer gefaßten, hoffnungsvollen Haltung zum Leid (3. Std.).

2. Hiob – der Mensch im Leid

Diese Teileinheit rückt die Gestalt Hiobs in seinem Leid in den Mittelpunkt und verbindet die Leidfrage mit der Gottesfrage. Diese Verbindung erfährt in Hiob eine radikale Zuspitzung. Die polaren Haltungen Hiobs und seiner Frau (6. Std.), nämlich gläubiges Festhalten an Gott und schroffe Ablehnung Gottes, repräsentieren zwei auch unter Schülern denkbare Extrempositionen. Hiobs Freunde vertreten mit ihren Erklärungsversuchen eine andere Einstellung zum Leid. Ihre Äußerungen (Strafe, Erziehung, höherer Sinn des Leids) sind Distanzierungen von Hiob, Vertröstung statt echtem Trost. Solche vertröstenden Erklärungsversuche gehören zum Erfahrungshorizont der Schüler. Hiobs Einstellung zum Leid unterscheidet sich grundlegend von der seiner Frau und seiner Freunde. Die 9. Stunde zeigt mit einem klagenden, ja Gott anklagenden und herausfordernden Hiob eine neue Möglichkeit gläubiger Haltung im Leid auf. Hier sind es vor allem Bilder, die einen emotionalen Zugang zur Klagegestalt Hiobs ermöglichen, um wenigstens eine Ahnung des existentiellen Gewichtes seiner kühnen Haltung zu vermitteln. An ihm ist ablesbar, wie er in der Klage eine dem Leid angemessene Sprache findet. In der klagenden Sprache spricht sich „Zuversicht auf Gott gegen Gott" (Claus Westermann) aus.

3. Der trinitarische Gott und das Leid

Die Antwort Gottes, der auf Hiobs Anklagen mit Fragen und Bildern aus der Schöpfung eingeht, wird im Spiegel dreier positiver theologischer Deutungen betrachtet (10. Std.). Wollte man die Verbindung Gottesfrage-Leidfrage nur aus der Antwort Gottes aus dem Hiobbuch entwickeln, handelte es sich aus christlicher Perspektive um eine Verkürzung. In der 11.–13. Stunde wird darum ein christlicher Zugang versucht. Leid wird nicht nur von Leben, Kreuz und Auferstehung Jesu her betrachtet, sondern mit neutestamentlichen Geistaussagen in Verbindung gebracht. So wird – für ein Unterrichtsmodell ungewöhnlich – eine trinitarische Näherung an die Leidfrage versucht. In dieser Teileinheit spielen wiederum Bilder eine entscheidende Rolle. Sie dienen der Erarbeitung der Emmausgeschichte und einiger Wirkungen des Heiligen Geistes. Ihre gegenüber Texten größere Offenheit und ihr Symbolgehalt erleichtern den Schülern das Einbringen eigener Empfindungen und Erfahrungen in die Thematik.

4. Eigenes und fremdes Leid bestehen

Diese letzte Teileinheit knüpft an die Anfangsstunden zu den Haltungen im Leid an. Nach der theologischen Reflexion wird hier das Bestehen konkreten Leids und mitleidende Hilfe aus dem Glauben beispielhaft aufgezeigt. Es ist dabei zu berücksichtigen, daß Lehrer wie Schüler im Unterricht vom wirklichen Leidgeschehen entfernt bleiben. Das Bestehen eigenen wie fremden Leides ist eben nicht didaktisierbar. „So närrisch bin ich nie gewesen, daß ich mich der (...) Aufgabe gewachsen gefühlt hätte, Tapferkeit und Geduld zu lehren. In dieser Hinsicht habe ich meinen Lesern nichts zu bieten – es sei denn meine Überzeugung, daß, wenn es heißt, Schmerzen zu ertragen, ein bißchen Unerschrockenheit mehr hilft als vieles Wissen, und ein wenig menschliches Mitgefühl mehr als viel Unerschrockenheit, und der leiseste Hauch von Gottesliebe mehr als alles sonst." (C. S. Lewis, Über den Schmerz, München 1978, S. 11)

Übersicht über die Unterrichtseinheit

Stunde	Inhalt	Kurze Erläuterung des Themas	Vom Lehrer besonders zu beachten
1./2. Stunde	Beispiele von Grenzerfahrungen	Zwei unterschiedliche Grenzerfahrungen: – ein AIDS-Kranker – ein an Mukoviszidose erkranktes Mädchen Textarbeit und graphische Umsetzung der unterschiedlichen Erfahrungen	Sätze für Phase 5 auf Folie kopieren: Vorlage beim Stundenblatt Overheadprojektor bereithalten Video „Die Asylanten kommen" für 4./5. Std. besorgen Materialien: M 1, M 2, M 3, Arbeitsblatt 1
3. Stunde	Unterschiedliche Haltungen im Leid	Mit dem Gedicht „Die Wahrheit" von A. Ginsberg und dem Bild „Das Ehrenmal zu Magdeburg" von E. Barlach unterschiedliche Haltungen im Leid erkennen: von Verzweiflung bis zu offener Haltung	Offenheit des Bildes, daher unterschiedliche Beobachtungen der Schüler zulassen Materialien: M 4, M 5
4./5. Stunde	Asyl – gesellschaftliches Leid Karikaturen, Zahlen, Graphik, Erfahrungstexte, Video zur Situation von Asylbewerbern	Die Asylproblematik in verschiedenen Aspekten bearbeiten: – Zahlen von aufgenommenen Flüchtlingen und Asylbewerbern im Vergleich zur Bevölkerungszahl – Erfahrungen eines Asylbewerbers – Erfahrungen mit Asylbewerbern aus der Sicht einer Schülerin – rechtliche Situation – Vorurteile – konkrete Hilfsmaßnahmen	– auf neueste Zahlen achten – Overheadprojektor und Videogerät bereitstellen – Informationen über Rechtsstellung von Asylbewerbern im Video teilweise überholt – auf übersichtliche Tafeleinteilung und Tafelanschrieb achten Materialien: M 6, M 7, M 8, Arbeitsblatt 2
6. Stunde	Einstieg in das biblische Buch Hiob: Hiob und seine Frau	Mit einem Bild von E. Alt „Hiobs Weib" und Bibeltexten die unterschiedlichen Haltungen der Frau Hiobs und von Hiob selbst erarbeiten: Ablehnung Gottes – Festhalten an Gott	Evtl. Unverständnis der Schüler für beide Haltungen Materialien: M 9, M 10, M 11

Stunde	Inhalt	Kurze Erläuterung des Themas	Vom Lehrer besonders zu beachten
7./8. Stunde	Hiob und die Ratschläge seiner Freunde – unmögliche Deutungen seines Leides	Mit Folienbild und Texten aus dem Hiobbuch Anteilnahme an Hiobs Leid und distanzierende Ratschläge seiner Freunde erkennen Stellungnahme Gottes und Hiobs zu den Erklärungen der Freunde Situation Hiobs und Haltung der Freunde in Pantomime umsetzen	Overheadprojektor bereitstellen Folie und Folienpfeile kopieren: Kopiervorlage beim Stundenblatt Klares Vorgehen in der Erarbeitung der Phasen wichtig: Auf mögliche Hemmungen der Schüler bei Pantomime achten Schüler benötigen Klebstoff und Schere in Stunde 9 Materialien: M 12, Arbeitsblatt 3
9. Stunde	Klage als Sprache des Leides	Vom verschlossenen zum offen klagenden Hiob Bildbetrachtung zu Bildern von W. Habdank und A. Birkle Zuordnung ausgewählter Bibeltexte zu den Bildern	Overheadprojektor bereithalten Folie mit Vers Hiob 1,21 vobereiten In Phasen 1 und 2 auf zweispaltigen Tafelanschrieb achten Scheren und Klebstoff für Phase 3 Materialien: M 13, M 14, Arbeitsblatt 4
10. Stunde	Die Antwort Gottes auf Hiobs Anklage Theologische Deutungen	Gott antwortet mit Fragen und Bildern zur Schöpfung Deutungen dieser Antwort in Texten von Buber, Reiser, Zahrnt	Die drei theologischen Deutungen sind für Mittelstufenschüler schwierig Unbedingt auf ausreichende Möglichkeit zur Stellungnahme achten Materialien: M 15, M 16
11. Stunde	Gottes Mitleiden in Jesus	Christologische Ausweitung des Gottesbildes Jesu Leben ist Hingabe für andere, sein Tod die Konsequenz daraus: Gott ist Mitbetroffener in Leid und Tod Bibelarbeit, Textarbeit zu H. Zahrnt	Overheadprojektor bereithalten Texte für Folienimpuls auf Folie schreiben (Sprechblasen) Zahrnt-Text in Phase 3 ist anspruchsvoll Leichter Lückentext für Phase 4 ohne Vorgabe von Lückenwörtern Materialien: M 17, Arbeitsblätter 5, 6

Stunde	Inhalt	Kurze Erläuterung des Themas	Vom Lehrer besonders zu beachten
12. Stunde	Begegnung mit dem Auferstandenen – Hoffnung im Leid	Zwei Bilder von A. Felger zur Emmaus-Geschichte: Begegnung mit dem Auferstandenen tröstet Text nach A. Kner: Existentielle Auswirkungen des Osterglaubens im Schmerz	Zunächst Bild 1 gesondert betrachten Zum Vorlesen der Emmaus-Geschichte Bibel bereithalten Auf zweispaltigen Tafelanschrieb zur Gegenüberstellung der Bilder achten Materialien: M 18, M 19, M 20
13. Stunde	Der Heilige Geist als Tröster und Beistand	Textpuzzle und Bilder zu Wirkungen des Heiligen Geistes Zusammenfassung der trinitarischen Teileinheit: Gott tröstet	Textpuzzle in Phase 1 zeitaufwendig, daher sind Satzanfänge unterstrichen Bibel bereithalten Offenheit der Bilder in Phase 2 beachten Film „Menschen, die auf der Straße schlafen" für 15./16. Stunde besorgen (FWU Nr. 323560) Materialien: M 21
14. Stunde	Eigenes Leid im Glauben bestehen	Tod eines Kindes und Reaktion des Vaters Gruppenarbeit (Interview mit dem Vater des toten Kindes)	Einteilung der Klasse für Gruppenarbeit evtl. vorüberlegen Overheadprojektor und Folien zur Ergebnissicherung in Arbeitsgruppen bereithalten, Auswertung und Diskussion in einer einzelnen Stunde evtl. knapp Materialien: M 22, M 23
15./16. Stunde	Fremdes Leid mitleiden am Beispiel der Hilfe für Wohnungslose	Zwei Biographien Wohnungsloser in Lebenskurven graphisch umsetzen Film „Menschen, die auf der Straße schlafen" zeigt die Hilfe eines Lokführers für Wohnungslose	Film und Filmgerät bereithalten Graphische Umsetzung der Biographien ungewohnte Methode Materialien: M 24, M 25, M 26

Darstellung der Einzelstunden

Die Grenzerfahrung Leid

1./2. Stunde:
Beispiele von Grenzerfahrungen

A Methodisch-didaktische Vorbemerkungen

Die ersten beiden Stunden versuchen eine Sensibilisierung für das existentielle Thema ‚Leid'. Die Leiderfahrungen eines AIDS-Kranken und eines an Mukoviszidose erkrankten Kindes sind nur zwei aktuelle Erfahrungen aus dem „endlosen und grundlosen Meer des unstillbaren Schmerzes und Kummers" (Hans Küng). Beide Erfahrungen demonstrieren: Leid ist kein Abstraktum, sondern es leiden immer konkrete Menschen in unterschiedlichsten Notsituationen und unter den verschiedensten Bedingungen. Leid ist immer tief existentiell. Existentiell heißt: Leid verändert das bisherige Leben, zeigt sich als ein Widerspruch zum Leben, der ohnmächtig hingenommen werden muß. Dieser Widerspruch erfordert vom Betroffenen eine bestimmte Haltung im Leid und eine Deutung des Leides (vgl. 3. Std.). Bei dem an AIDS erkrankten Horst und der schwerkranken Bianca zeigt sich folgende gemeinsam existentielle Erfahrungsebene: sie fühlen sich gefangen in sich, erleben Angst und Trauer, ihr Gesundheitszustand verschlechtert sich. Leid wird von beiden negativ als Begrenzung ihres Lebens erfahren. Diese Negativität ihres Leidens wird von Horst und Bianca allerdings unterschiedlich ertragen. Aus dieser Spannung von gemein-samer Negativität und unterschiedlichem Ertragen der Krankheit ergibt sich die Gestaltung als Doppelstunde.

Horst erlebt sein Leiden nur ohnmächtig, fühlt sich von den Mitmenschen ausgegrenzt, fremd, unsicher, auf sich selbst verwiesen und so in seiner „Menschenwürde angegriffen und verletzt". Dieses Erleben der Krankheit wird im Unterricht als *Grenzerfahrung* herausgearbeitet. Der Begriff ‚Grenzerfahrung' wird im weiteren Verlauf der Stunde präzisiert als die Erfahrung einer persönlichen und sozialen Grenze. Dieser abstrakte Begriff hilft, die verschiedenen Erlebnisweisen von Leid zusammenzufassen, den Unterricht zu strukturieren und so eine gemeinsame Basis zur Weiterarbeit zu finden. Wenn an dieser Stelle versucht wird, den Begriff ‚Grenzerfahrung' in den Unterricht einzuführen, so wird doch nicht verkannt, daß diese begriffliche Mühe hinter der existentiellen Dimension zurückbleibt. Die ausgewählten Bilder und Erfahrungsberichte sollen eine Betroffenheit auslösen, um den Unterschied zwischen der Wirklichkeit von Leid und dem Unterricht über Leid, zwischen Theorie und Praxis, abzuschwächen.

Nach der Erarbeitung der Grenzerfahrung von Horst wird bei Bianca eine neue Ebene im Leid herausgearbeitet. Bianca erlebt ihre Grenze nicht nur negativ begrenzend, persönlich und sozial isolierend, sondern ihre Grenzerfahrung kann auch positiv verstanden werden. So zeigt sie Fröhlichkeit, arbeitet an einer Klinikzeitung mit, feiert ihren Geburtstag und denkt sogar über ein Leben nach dem Tode nach.

Um diesen wichtigen Unterschied zwischen Horst und Bianca nochmals zu verdeutlichen, ordnen die Schüler den Gemeinsamkeiten und Unterschieden im Erleben von Leid verschiedene, vom Lehrer vorgegebene Sätze zu. Dieser Schritt mag als eine Instrumentalisierung der Leiderfahrungen erscheinen, ist aber für den weiteren Verlauf des Unterrichts notwendig und faßt das Lernergebnis zusammen.

So setzt sich diese Stunde aus der Erkenntnis zusammen: Leid erleben Horst und Bianca als eine Grenzerfahrung. Horst erlebt sie nur negativ als Ausgrenzung, Bianca dagegen auch positiv als Öffnung auf andere hin.

B Ziele der Stunde

Die Schüler sollen
– sich anhand von Bildern in die Lebenssituation eines Mädchens und eines jungen Mannes einfühlen können;
– den Begriff ‚Grenzerfahrung‘ als Erfahrung einer persönlichen und sozialen Grenze beschreiben können;
– positive und negative Aspekte von Grenzerfahrungen kennenlernen und bewerten können;
– einsehen, daß es in einer Grenzerfahrung zur Annahme der Grenze kommen kann.

C Stundenverlauf

Die Unterrichtseinheit über Leid soll mit einem Blick in das Antlitz leidender Menschen beginnen. Darum ist die **Phase 1** als Einstieg mit einer Bildbetrachtung (M 1) gestaltet. Die Schüler werden vom Lehrer zu spontanen Äußerungen aufgefordert. Die Fotografien der Frau und des Kindes sollen nur kurz gezeigt werden. Es genügt in dieser Einstiegsphase, daß die Schüler die abgebildeten Personen als Menschen in Sorge, im Unglück, im Leid erkennen und beschreiben. Sie sollen dadurch für die Erfahrung, daß Menschen vielfältig leiden, sensibilisiert werden. Ferner wird einer zu starken Textlastigkeit – oft ein Problem des Religionsunterrichts – von Anfang an entgegengewirkt.

Der Brief des AIDS-Kranken Horst (M 2) in **Phase 2** führt in eine konkrete Leidenssituation ein. Horst schildert die zunehmende Beschneidung seiner Lebensmöglichkeiten. Seine Familie und Freunde geraten durch seine Krankheit unter seelischen Druck. Er selbst fühlt sich allein, hat Angst vor dem Sterben und bemerkt Hautveränderungen. Er leidet unter der Panikmache in der Öffentlichkeit und sieht sich in seiner Menschenwürde verletzt. Er beschreibt damit eine der Situationen, die nach Karl Jaspers, „bleiben, was sie sind“, und die er Grenzerfahrungen nennt. ‚Grenzerfahrung‘ bildet den zentralen Begriff dieser Doppelstunde. Um diesen Begriff zu finden, tragen die Schüler Wörter aus dem Text in den vorgegebenen Lückentext „Horst in einer schwierigen Situation“ (Arbeitsblatt 1) ein. Dieser einfache Arbeitsauftrag zwingt die Schüler zum genauen Lesen. Der vollständige Lückentext ist eine kurze Zusammenfassung des Briefes. So wie sich dort das Wort ‚Grenzsituation‘ aus den erarbeiteten Wörtern ergibt, so machen die einschränkenden Erfahrungen Horsts die wirkliche Grenzsituation aus.
Alternative: In höheren Klassen könnten die Schüler in einem Arbeitsauftrag selbständig Überschriften über einzelne Abschnitte finden. Die Begriffe müssen von ihnen dann selbst formuliert werden, z. B. ‚Angst vor dem Sterben‘ usw.

Eine nähere Beschreibung der Grenzerfahrung Horsts erfolgt nun in **Phase 3** in einem Klassengespräch. Ziel des Klassengesprächs ist es, den rein negativen Aspekt herauszuarbeiten, um später den Kontrast zu der auch positiv erlebten Grenzerfahrung Biancas in Phase 4 und 5 zu erkennen.

Diese rein negativen Grenzen zeigen sich im persönlichen Leben Horsts und in seinem sozialen Umfeld. Diese beiden Bereiche werden im Klassengespräch genannt und an der Tafel festgehalten. Im Anschluß daran wird nach dem Lebensgefühl Horsts innerhalb dieser Grenzen gefragt. Dieses Lebensgefühl kann als eingeengt, unsicher, verlassen beschrieben werden. Dieser Schritt hat zum Ziel, dem Grundanliegen der Ausgewogenheit zwischen sachlich-begrifflicher Erarbeitung und affektiver Beteiligung gerecht zu werden. Mindestens ein Schülerbeitrag wird an der Tafel festgehalten. Der Tafelanschrieb gibt dem Lehrer die Möglichkeit, zum Schluß dieser Phase den rein negativen Aspekt der Grenzerfahrung Horsts nochmals herauszustellen.

In Ergänzung dazu wird in **Phase 4** ein Bericht über den Klinikaufenthalt der schwerkranken Bianca (M 3) in den Mittelpunkt gestellt. Der Text ist ein Auszug aus dem Sammelband ‚Tränen im Regenbogen‘, in dem beeindruckende Schilderungen schwerkranker Kinder der Kinderklinik Tübingen zusammengefaßt sind. Der Text ‚Ich habe Angst vor meiner Angst‘ stellt Bianca vor, die an einer schweren Stoffwechselerkrankung, Mukoviszidose, leidet. „Der Ausdruck Mukoviszidose wurde 1945 von Farber geprägt. Begründet war das in seiner Entdeckung, daß allen an Mukoviszidose erkrankten Kindern eine Fehlfunktion sämtlicher Drüsen im Körper gemeinsam war. Das soll heißen: Bauchspeicheldrüse,

Darm, Leber, Lunge und nicht zuletzt alle Schweißdrüsen produzieren ein außergewöhnlich zähes Sekret (in der Lunge: Schleim; ansonsten: Drüsenflüssigkeit) (…) Auffallend an diesen Kindern ist in erster Linie ein chronisches Husten, das meistens als Bronchitis behandelt, aber selten richtig erkannt wird. Ein weiterer Hinweis sind Gedeihstörungen. Auslösender Faktor hierfür ist eine unzureichende Verdauung, welche durch häufigen Durchfall, vor allem fettiger Natur, noch beeinträchtigt wird. (…) Allen gemeinsam sind jedoch Verdauungsstörungen, da die Sekretion der Verdauungsenzyme von der Bauchspeicheldrüse in den Darm durch den zähflüssigen Schleim behindert wird. (…) Ein Leben mit Mukoviszidose läuft auf verfrühten Tod hinaus.“ (J. Keller, Mukoviszidose, in: M. Klemm, G. Hebeler, W. Häcker, Tränen im Regenbogen, Phantastisches und Wirkliches – aufgeschrieben von Mädchen und Jungen der Kinderklinik Tübingen, Tübingen 1989, S. 186 ff.)

Im Erleiden der Krankheit kommt eine Grenzerfahrung in ihrem negativen Aspekt zur Sprache, darüber hinaus macht Bianca aber auch deutliche positive Erfahrungen innerhalb ihres Leides. Sie erträgt ihre Grenze anders als Horst: Bianca findet z. B. aus der Traurigkeit heraus, verbreitet Fröhlichkeit, arbeitet an der Gestaltung der Klinikzeitung mit, verliert zusehends die Angst vor dem Sterben und wünscht, zu Hause zu sterben. Die Schüler erarbeiten Gemeinsamkeiten und Unterschiede zur Grenzerfahrung von Horst, indem sie ihre Ergebnisse in ein vorgegebenes Schema ins Heft eintragen.

Nach der Besprechung des Arbeitsauftrags werden in **Phase 5** die positiven Grundzüge der Grenzerfahrung Biancas verdeutlicht und neben das nur negative Erleben Horsts gestellt. Dazu ordnen die

Schüler auf Folie vorgegebene Sätze den Gemeinsamkeiten und Unterschieden im Erleben der Grenzerfahrungen aus Phase 4 zu. Der Lehrer achtet in dieser Phase nicht primär auf die Gegenüberstellung der Erfahrungen, sondern arbeitet mit den Schülern vor allem die positiven Aspekte der Leiderfahrung Biancas heraus. Die Schüler haben so die Möglichkeit, das Positive einer Grenze zu erkennen. Grenzen engen nicht nur ein, sie eröffnen eine neue Dimension. Das Begrenzte, z. B. durch Krankheit eingeschränktes Leben, kann noch gestaltet und bejaht werden.

Eine Diskussion über Leid als positive Grenzerfahrung könnte sich ergeben, weil die Sätze unvermittelt und zu eindeutig erscheinen. Bei den Schülern kann diese Unbedingtheit der Sätze auf Widerspruch stoßen. Eine klare Zuordnung ist evtl. nicht möglich. Dadurch wird aber gerade das Gespräch angeregt.

Zum Abschluß der Doppelstunde versucht der Lehrer, in einer einfachen Tafelgrafik (siehe Stundenblätter) die besprochenen Grenzerfahrungen zusammenzufassen.

3. Stunde:
Unterschiedliche Haltungen im Leid

A Methodisch-didaktische Vorbemerkungen

Menschen leiden auf unterschiedliche Weise und unter verschiedenen Umständen (1./2. Std.). Die Haltung der Leidenden ist bestimmt von der Tiefe ihres Leidens und kann sich im Leid verändern. Die Extremhaltung ist dabei das totale Verstummen bis hin zu Schrei und Klage. Die Haltung von leidenden Menschen ist

nie systematisierbar, immer anders, vielgestaltig und in sich ambivalent.

Ernst Ginsberg bringt in seinem Gedicht ,Die Wahrheit' in Phase 1 diese ambivalente Haltung eines Leidenden in einfache Worte: „Unerschütterliches Gottvertrauen" – „Von Angst gewürgt". Dieses Gedicht ist nur eine Hinführung zu intensiver Betrachtung der Barlach-Plastik in Phase 2. Dabei wird die Gottesfrage an dieser Stelle zunächst einmal nicht akzentuiert; sie kommt in den Hiob-Stunden ausführlich zur Sprache (vgl. 9./10. Std.).

Im Zentrum der Stunde steht die Betrachtung der Haltungen der Menschen im Leid in Barlachs Plastik ,Magdeburger Ehrenmal' (1929). Barlach selbst nennt diese Arbeit „mein größtes und – wie ich hinzufügen muß – verantwortungsvollstes Holzbildwerk" (Ernst Barlach, Werke und Werkentwürfe aus fünf Jahrzehnten, Berlin (DDR), 1981, Katalog 1, S. 92). Diese Plastik aus Eichenholz (Größe 255×154×5 cm) wurde 1929 der Domgemeinde in Magdeburg als Geschenk übergeben und am 24. 9. 1934 durch einen Erlaß des Reichsministers für Erziehung und Volksbildung wieder aus dem Dom entfernt. Vorausgegangen war eine Verleumdungs- und Verfemungskampagne gegen Barlach durch die Nationalsozialisten.

Zweifellos verkürzt die Fragestellung nach den Haltungen im Leiden in Phase 2 den vollen Aussagegehalt der Plastik als Ehrenmal für „ein zusammengedrängtes Häuflein Kämpfer über einem Gräberfeld" (Ernst Barlach). Ein anderes Problem liegt in der Ausblendung gewisser Bildelemente, zum Beispiel des Kreuzes und des Toten direkt unter dem Kreuz. Im Hinblick auf das Lernziel der Haltungen im Leid ist diese didaktische Einschränkung zu vertreten. Die Haltungen lassen dennoch eine große Bandbreite möglicher Interpretationen zu. Barlach selbst schreibt in einem Brief: „Ich glaube nicht, daß es einen Vorwurf gegen ein Kunstwerk bedeutet, wenn es vielfache Deutung zuläßt, ..." (Ernst Barlach, Die Briefe I und II; hg. v. F. Droß, München 1968/69, S.206 f.) Die Deutungen der Leidhaltungen werden bei den Schülern variieren zwischen Verzweiflung und Standhalten.

B Ziele der Stunde

Die Schüler sollen
- die Ambivalenz einer Leiderfahrung bei Ernst Ginsberg kennenlernen;
- Gestalten aus einer Plastik Ernst Barlachs beobachten;
- diese Beobachtungen auf Verhaltensweisen im Leid hin interpretieren;
- erkennen, daß Verhaltensweisen im Leid zwischen Verzweiflung und Standhalten variieren können.

C Stundenverlauf

Die Hinführung zum Stundenthema geschieht in **Phase 1** durch das Gedicht ‚Die Wahrheit' von Ernst Ginsberg (M 4).
Ernst Ginsberg (1904–1964) war Schauspieler, bis ihn rasch fortschreitende Lateralsklerose an der Weiterarbeit hinderte. Er verfaßte Lyrik und Prosa u. a. auch über seine Leidsituation. Die Texte sind in dem Band ‚Abschied' veröffentlicht.
Im Unterricht braucht Ernst Ginsberg nicht genannt zu werden. Das Gedicht ist als Anfangsimpuls gedacht und zeigt den Schülern bereits beim Lesen die ambivalente Haltung Ginsbergs in seinem Leid, dem Tod nahe. In der Einsamkeit des Krankenzimmers kann er einerseits dem Tod fest entgegenschauen und fühlt sich andererseits schwach wie ein Kind, nackt und zitternd. Die Schüler können die Haltung Ginsbergs leicht beschreiben, indem sie aus dem Gedicht einzelne Stellen zitieren.
Im Anschluß daran schreibt der Lehrer zwei Zitate als stummen Impuls an die Tafel. Sie zeigen die Ambivalenz in Ginsbergs Haltung auf: „Unerschütterliches Gottvertrauen" – „Von Angst gewürgt."
In Phase 2 und Phase 3 erfolgt eine weitere Differenzierung der Haltungen im Leid mit Hilfe der Plastik ‚Das Ehrenmal zu Magdeburg' von Ernst Barlach (M 5).

Der Lehrer achtet in **Phase 2** darauf, daß sich die Schüler auf die Beschreibung äußerer Merkmale beschränken. Eine Interpretation der Ergebnisse im Sinne des Stundenthemas folgt später. Die Trennung von Beschreibung und deren Interpretation wird durch ein Raster erleichtert (siehe Stundenblätter). Das Raster wird den Schülern an der Tafel oder auf einer Folie vorgegeben. Die Gestalt in der Mitte unten stellt einen Toten dar und wird im Raster nicht berücksichtigt. Die Schüler tragen in Partnerarbeit ihre Beobachtungen zu Körperhaltung, Händen, Augen und Mund der bezeichneten fünf Gestalten in das Raster ein. Die Beobachtungen der Schüler zu den sonstigen Gestalten werden von den Lösungen im Stundenblatt evtl. abweichen.

Die Integration des Arbeitsauftrags zu Beginn von **Phase 3** sollte zügig vonstatten gehen, damit genug Zeit zur Interpretation bleibt. Die Interpretation wird im Klassengespräch erarbeitet und zielt über die Betrachtung hinaus auf Verhaltensweisen im Leid.
Die Personen des Bildes können während des Klassengesprächs mit Einzelfolien nacheinander herausgestellt werden. Da es schwer ist, zu jeder der Personen des Bildes eine eigene Verhaltensweise zu formulieren, stellt die Zusatzfrage nach Ähn-

lichkeiten eine Erleichterung dar. Die Personen können wie folgt zusammengefaßt und interpretiert werden:

Personen 1 und 2: Eher verzweifelt, erschrocken, verschlossen.

Personen 3 und 4: Bereits aufrecht stehend, aber noch verfinstert und nach Halt suchend.

Person 5: Dem Leid eher standhaltend, offen nach vorne gerichtet.

In dieser Zusammenstellung wird den Schülern eine Bandbreite möglicher Verhaltensweisen im Leid aufgezeigt. Ein theologischer Bezug zu diesen Verhaltensweisen ist in dieser Stunde nicht beabsichtigt. Unkommentiert soll die Deutung Barlachs neben die Schülerergebnisse gestellt werden: „Auf einem Gräberfeld erheben sich drei Krieger, das ragende Grabkreuz der vor ihnen Hingesunkenen umringend in der Haltung solcher, die sich behaupten werden. In der Mitte, hochaufgereckt, obwohl am Kopf verwundet, heroisch dem Tod ins Auge blickend, der junge Führer, rechts von ihm, schon tiefer im Bereich des Todes fußend, der ältere Landsturmmann, links von ihm der noch knabenhafte Neuling in dieser Welt der Ungeheuerlichkeit, trotz seiner Zagheit und Unerfahrenheit der Erprobung gewachsen; der Sturm des Kampfes hat die Gestalt des schon skelettierten Soldaten, den Stahlhelm auf dem im Fleisch verfallenen Kopfe, halben Leibes emporgeworfen, und ihn flankieren zwei durch alle Stadien des Schreckens gezwungene, kaum noch dem Leben angehörige Genossen der noch Aufrechten." (Ernst Barlach, Das dichterische Werk in drei Bänden, Bd. III: Die Prosa II; hg. F. Droß, München 1956–59, S.411f.)

4./5. Stunde:
Asyl – gesellschaftliches Leid

A Methodisch-didaktische Vorbemerkungen

Didaktisch unverantwortlich wäre es, innerhalb einer Unterrichtseinheit zum Thema Leid das stark diskutierte Asylproblem auszuklammern. Mit dieser Frage wird nach der Darstellung persönlichen Leides (1./2. Std.) ein aktuelles Beispiel gesellschaftlichen Leides thematisiert.

Didaktisch naiv wäre es allerdings zu beanspruchen, das komplexe Asylproblem in einer Doppelstunde aufarbeiten zu können. Nicht angegangen werden kann z. B. das Problem der Ursachen für die Flucht aus den Herkunftsländern, ein Mitverschulden der ‚Ersten Welt' an der Not der ‚Dritten Welt'. Auch von der genauen Rechtslage der Asylbewerber über sich verschärfende Asylgesetze bis hin zur biblischen Grundlegung des Umgangs mit Fremden muß in dieser Stunde als Thema abgesehen werden. Es können nur einige Impulse gesetzt werden.

Trotz der Komplexität der Flüchtlingsproblematik kann Schule nicht daran vorbeiunterrichten, und der Religionsunterricht muß sich aus seinem humanen Anspruch heraus dieser Frage besonders stellen. Mit Beginn der Pubertät nehmen Schüler die Flüchtlingsfrage bewußter wahr, sie setzen sich eher mit Meinungen und Vorurteilen der Gesellschaft auseinander und übernehmen trotzdem nicht selten von den Erwachsenen eine abwehrende Einstellung gegenüber Fremden und Flüchtlingen. Sie reagieren angstbesetzt und fordern eine Verschärfung des Asylrechts. Die Fremdenproblematik wird somit, kaum in die Diskussion gekommen, im eigenen Bewußtsein und in der emotionalen Haltung schnell als erledigt abgehakt.

Vor diesem Hintergrund versucht diese Doppelstunde die Asylfrage in mehreren Aspekten anzugehen:

a) In einer Sensibilisierungsphase werden durch Karikaturen gesellschaftliche Einstellungen und Vorurteile gegenüber Fremden bewußt gemacht.

b) Eine besondere Schwierigkeit ist die Arbeit mit exaktem Zahlenmaterial. Wechselnde Zahlenangaben und unterschiedliche Zuordnungen zu den Statistiken erschweren eine genaue zahlenmäßige Erfassung des Problems. Dabei sind grundlegend zu unterscheiden: De-facto-Flüchtlinge und Asylbewerber. Folgende Definition kann als erste Unterscheidung gelten:

De-facto-Flüchtlinge: Sie haben entweder keinen Asylantrag gestellt, oder ihr Asylantrag ist abgelehnt worden. Aus rechtlichen, politischen und humanitären Gründen werden sie jedoch nicht abgeschoben. Ihr Bleiberecht ergibt sich aus der Allgemeinen Erklärung der Menschenrechte oder der Genfer Flüchtlingskonvention. De-facto-Flüchtlinge unterliegen einer Reihe von Beschränkungen, auch wenn sie bereits lange Zeit in Deutschland leben. Auf Integrationshilfen wie Sprachkurse, BAFöG oder Arbeitsförderung haben sie keinen Anspruch. Nach dem neuen Ausländergesetz vom 1. 1. 1991 dürfen sie jedoch arbeiten, sobald sie eine Aufenthaltsbefugnis erhalten.

Asylbewerber: Flüchtlinge, die einen Asylantrag an der Grenze oder bei einer Ausländerbehörde gestellt haben (§ 7 AsylVfG), solange bis ihr Asylbegehren rechtskräftig entschieden ist. Sie unterliegen einer Reihe von Auflagen, haben beispielsweise keinen Anspruch, in ein bestimmtes Bundesland oder an einen bestimmten Ort gewiesen zu werden oder dort zu bleiben. Sie werden nach einem bestimmten Schlüssel auf das Bundesgebiet verteilt. Asylbewerber genießen keine Freizügigkeit. Der Aufenthalt ist nur in dem Bezirk gestattet, bei dessen Ausländerbehörde der Asylbewerber seinen Asylantrag gestellt hat. Er macht sich strafbar, wenn er den Bezirk ohne Erlaubnis verläßt. Die Wahl der Wohnung steht Asylbewerbern auch nicht frei: Nach dem Asylverfahrensgesetz sollen Asylbewerber in der Regel in Gemeinschaftsunterkünften untergebracht werden. Seit dem 1. 7. 1991 können Asylbewerber eine Arbeitserlaubnis erhalten, wenn die Lage des Arbeitsmarktes dies zuläßt (§ 19 Arbeitsförderungsgesetz). Ansonsten haben sie Anspruch auf Sozialhilfe, die auf ein zum Lebensunterhalt unerläßliches Minimum beschränkt werden kann. In mehreren Bundesländern wird die Sozialhilfe nicht als Geldleistung, sondern als Sachleistung (Verpflegung, Kleidung) gewährt.

(aus: Ausländer, Informationen zur politischen Bildung, Nr. 237/1992, S. 2)

Die im Unterricht in Phase 2 verwendeten Zahlen unterscheiden nicht zwischen De-facto-Flüchtlingen und Asylbewerbern. So enthält die Zahl von ca. 1,4 Mio. für Deutschland im Jahr 1992 ca. 640000 De-facto-Flüchtlinge und ca. 580000 Asylbewerber. Für den Unterricht nicht in Zahlen differenziert sind weiterhin noch ca. 180000 Flüchtlinge mit anderem Status und Asylberechtigte (Daten aus der Flüchtlingsstatistik des Amtes des Hohen Flüchtlingskommissars der Vereinten Nationen, Abkürzung UNHCR vom 15. 4. 1993. Anschrift zur Anforderung aktueller Daten: UNHCR, Abt. Presse und

Information, Rheinallee 6, 53173 Bonn).

Aus den Differenzierungen wird ersichtlich, daß die Übergänge zwischen Flucht und Einwanderung unscharf sind. In dieser Phase wird die gesamte Asyl- und Flüchtlingsproblematik nur statistisch mit anderen Ländern verglichen. Im weiteren Unterricht dagegen wird allein die Asylfrage behandelt.

Unumstritten ist, daß Deutschland ein bevorzugtes Ziel von Asylbewerbern ist. Ca. 60% der Asylbewerber, die 1992 nach Europa kamen, stellten ihren Asylantrag in Deutschland. Aber das heißt keineswegs, daß Deutschland Hauptziel von Flüchtlingen aus aller Welt ist. Andere Länder sind in Relation zu ihrer Einwohnerzahl stärker als Deutschland mit der Flüchtlingsproblematik konfrontiert. Gerade diese Relation von Bevölkerungszahl und Flüchtlingen wird den Schülern in Phase 2 bewußt gemacht.

c) Beim Hantieren mit Zahlen in Tausenden, bei den fast täglich neuen Hochrechnungen über die Kosten wird leicht der einzelne Mensch aus dem Blick verloren. Jede Frau, jeder Mann und jedes Kind, die zu uns kommen, haben ihre eigene Leidensgeschichte. Das Evangelium, das ganze Leben Jesu, ist aber ein Weg zum einzelnen Menschen. Im einzelnen sieht uns Gott an. Die Leidsituation des Asylbewerbers Alfredo aus Sri Lanka und die Beobachtungen der Lage von Asylbewerbern durch eine Schülerin stehen daher im Mittelpunkt der Stunde. Diese Einzelbeobachtungen zeigen zwar nie die ganze Bandbreite des Problems, aber sie konkretisieren und veranschaulichen und bringen dadurch das Asylproblem aus einer anonymen Gesamtsicht in eine schülergerechte Nähe.

d) Nach dieser doppelten Aufarbeitung aus der Sicht eines Betroffenen und einer aus der Nähe beobachtenden Schülerin wird versucht, mit Hilfe des Videos ‚Die Asylanten kommen' die Möglichkeiten konkreter Hilfe anzugehen. Obwohl im Video eine bewußt christlich motivierte Hilfestellung nicht eigens thematisiert ist, wird das Beispiel des diakonischen Engagements einer Frau gezeigt. Immer da, wo Menschen sich für die Hilfe von Flüchtlingen zusammenschließen, dürfen Christen nicht abseits stehen. Auch in gesellschaftlichen Anliegen ist das Evangelium zur Sprache zu bringen. Christen müssen den Weg gehen, mit Menschen anderer Kulturen zusammenzuleben, und diese als Schwestern und Brüder zu betrachten.

B Ziele der Stunde

Die Schüler sollen

- Vorurteile gegenüber Fremden in Karikaturen erkennen;
- den Anteil von Flüchtlingen in Relation zur Bevölkerung an ausgewählten Ländern schätzen und sich Fehleinschätzungen bewußt machen;
- die Situation von Asylbewerbern aus der Sicht eines Betroffenen und einer deutschen Schülerin kennenlernen;
- Informationen zur rechtlichen Lage von Asylbewerbern erhalten;
- mit Hilfe eines Videos Hilfsmaßnahmen beschreiben.

C Stundenverlauf

In **Phase 1** werden den Schülern drei Karikaturen zur Asylproblematik (M 6) vorgelegt. Passende Stichworte, meist wohl Vorurteile wie ‚Bedrohung' oder ‚Asylantenflut' werden rasch gefunden und bieten den Schülern einen emotionalen Einstieg in die Thematik.

Da unter den Schülern verschiedene Meinungen zur Asylfrage ebenso zu erwarten sind wie unterschiedliches Vorwissen und Vorurteile, wird in **Phase 2** mit der Erarbeitung von Statistiken eine gemeinsame Informationsbasis geschaffen. Nach dem eher emotionalen Einstieg – zu viele Emotionen sind der Thematik ohnehin abträglich – dient die Bearbeitung der Zahlen einer Versachlichung. Zunächst erläutert der Lehrer die absoluten Flüchtlingszahlen zu 1992, die den Schülern auf dem Arbeitsblatt 2 „Flüchtlingszahlen 1992" vorgegeben werden. Sie können aus diesen Zahlen die Belastung der einzelnen Länder nicht erkennen, da ihnen die Bevölkerungszahlen noch nicht bekannt sind. Dennoch versuchen die Schüler in der anschließenden Einzelarbeit, die Flüchtlingsanteile je 10000 Einwohner den genannten Ländern in einer Schätzung zuzuordnen. Viele werden aufgrund von Vorurteilen und Unkenntnis Deutschland die Hauptlast zuschreiben. Die vom Lehrer danach eingebrachte richtige Zuordnung und die Bevölkerungszahlen lassen erkennen, daß Deutschland im Vergleich mit anderen Staaten nicht den höchsten Flüchtlingsanteil zu tragen hat. Insbesondere ärmere Länder wie z. B. Guatemala und der Sudan weisen einen weitaus höheren Flüchtlingsanteil auf.

Mit **Phase 3** setzt die sehr wichtige Personalisierung der Thematik ein. In einem kurzen Text (M 7) schildert Alfredo aus Sri Lanka seine Lebensumstände in einer Sammelunterkunft. Der Text wird von einem Schüler vorgelesen und mit Hilfe von Leitfragen im Klassengespräch ausgewertet. Neben den persönlichen Eindrücken wie der bedrängenden Enge und der lästi-

gen Unruhe im Lager werden auch rechtliche Regelungen angesprochen und in einem Tafelanschrieb (siehe Stundenblätter) festgehalten.
Der Lehrer muß von Anfang an bei der Ergebnissicherung auf einen gegliederten Tafel- und Heftaufschrieb achten, der in dieser Phase begonnen und in den Phasen 4 und 5 vervollständigt wird. Außerdem sind eventuelle Ergänzungen und Korrekturen zur rechtlichen Situation von Asylbewerbern vom Lehrer je nach aktueller Rechtslage nachzutragen. So wird z. B. das im Alfredo-Text erwähnte Verbot der Ausübung einer Erwerbstätigkeit – § 61 Asylverfassungsgesetz – seit dem 9. 10. 1992 nicht mehr angewandt.

Einen Perspektivenwechsel bringt die **Phase 4** mit sich. Hier wird die Situation von Asylbewerbern aus der Sicht der deutschen Schülerin Heike dargestellt. Aus Heikes Tagebuchaufzeichnungen (M 8) suchen die Schüler zunächst in Einzelarbeit weitere Beispiele für die Lebensumstände von Asylbewerbern und Vorurteile der einheimischen Bevölkerung heraus. Erwähnt werden die Befragungen im Ordnungsamt, die Verständigungsschwierigkeiten und die beengten Wohnverhältnisse im Container. Die Vorurteile äußern sich in Schimpfwörtern wie ‚Kanake' oder ‚Schwein'. Im anschließenden kurzen Klassengespräch werden die Vorurteile in den Schimpfworten herausgearbeitet und weitere Vorurteile gesucht. Der in Phase 3 begonnene Tafelanschrieb wird fortgeführt.

Im Mittelpunkt von **Phase 5** steht das Video ‚Die Asylanten kommen'. Die spannende Spielhandlung spricht Mittelstufenschüler an. Eine Gruppe Asylbewerber wird einem Ort in Süddeutschland zugewiesen und in einem ehemaligen Gasthaus untergebracht. Im Ort begegnen sie zunächst den schon erwähnten Vorurteilen. Als ganz neuer Aspekt werden aber auch konkrete Hilfsmaßnahmen gezeigt. Mit tätiger Hilfe des Ortsvorstehers, weiterer Personen aus einem Sportverein und aus der Diakonie verbessert sich das Zusammenleben der Asylbewerber untereinander und mit der einheimischen Bevölkerung. Gezeigt werden sehr pragmatische Hilfen wie die Ermöglichung individuellen Kochens oder das Mitspielen in einer Fußballmannschaft. Schließlich engagieren sich viele anläßlich einer drohenden Verlegung der Asylbewerber in eine andere Unterkunft für ihr Verbleiben im Ort. In der Spielhandlung werden kommunale und diakonische Initiativen im Miteinander dargestellt. Unnötig zu erwähnen, daß eine christliche Haltung zu solcher Hilfe motivieren soll. Der Lehrer kann diesen Aspekt im Unterrichtsgespräch evtl. weiter vertiefen. „Nicht nur der einzelne Christ, auch die kirchlichen Sozialgestalten (Gemeinschaften und Institutionen mit ihren jeweiligen Organisationen) stehen unter dem Kriterium des Messias, dessen Wahrheit sich für Johannes den Täufer darin beweist, daß Blinde sehen, Lahme gehen und Armen die frohe Botschaft verkündet wird (vgl. Mt. 11,5). Konsequent orientiert sich daran auch die Praxis derer, die mit dem Reich Gottes hier und jetzt zu tun haben und deshalb auch Anteil an seiner Vollendung haben werden: wenn sie Hungrige speisen und die Fremden aufnehmen (vgl. Mt. 25,35 ff.). Diese Kriterien sind nicht nur ein persönliches Problem der Christen, sondern ein Sozialproblem der kirchlichen Gemeinden. Die Kirche wird sich dann vornehmlich an den Orten entfalten, wo sie mit den Fremden und Benachteiligten zu reden und zu tun bekommen.“ (O. Fuchs, in: R. Krockauer, Abschieben oder Aufnehmen, Christen engagieren sich für Asylsuchende und Flüchtlinge, München 1990, S. 147)

Da die Schüler meist von der Unterbringung von Asylbewerbern in ihrem Ort wissen, sind ihnen vielleicht auch konkrete Hilfsmaßnahmen aus ihrer Umgebung bekannt, die im abschließenden Klassengespräch angesprochen werden können.

In dieser Doppelstunde kommen trotz didaktischer Reduktion zentrale Gesichtspunkte der Asylfrage ins Blickfeld: Vorurteile – Statistiken – rechtliche Situation – Einzelschicksale – Hilfen.

Hiob – der Mensch im Leid

6. Stunde:
Hiob und seine Frau

A Methodisch-didaktische Vorbemerkungen

Nachdem in den ersten Stunden ein phänomenologischer Zugang zur Leidfrage über eine individuelle und gesellschaftliche Leidsituation geschaffen wurde, beginnt jetzt die Auseinandersetzung mit dem biblischen Hiob. An der individuellen literarischen Gestalt des Hiob wird die überindividuelle, ja fast zeitlose Leidproblematik für Schüler der Mittelstufe konkreter faßbar (6.–10. Std.). Trotz der zeitlichen Differenz zur Entstehung des Textes bieten die Gestalt des Hiob, seiner Frau und der Freunde den Schülern eine Möglichkeit der Auseinandersetzung und Identifikation.

In dieser Stunde stehen der fromme Hiob der Rahmenerzählung und die Reaktion seiner Frau auf Hiobs Leid im Vordergrund. Sein Besitz wird zunichte, seine Kinder verliert er an einem einzigen Tag, und schließlich fällt sein eigener Leib dem Aussatz zum Opfer. Hiob, so schwer geschlagen, wird aber an Gott nicht irre. Daß Menschen wie Hiob auch im tiefsten Leid an Gott nicht verzweifeln, an ihm gläubig festhalten – diese Möglichkeit wird den Schülern zunächst an einer kurzen Geschichte von Jossel Rackower vorgestellt. Er lebte im Warschauer Ghetto und schrieb sein extremes Bekenntnis zu Gott kurz vor seiner Ermordung. Das Warschauer Ghetto bestand von November 1940 bis April 1943. 360000 Menschen lebten in einem Gebiet, das für höchstens 160000 Menschen bestimmt war. In jedem

Raum lebten oft mehr als fünf Männer, Frauen und Kinder unter katastrophalen sanitären Bedingungen und mit wenig Lebensmittelzuteilungen. Im Juli 1942 begannen die Deportationen von täglich oft mehreren tausend Menschen in die Vernichtungslager. In wenigen Wochen wurden 300000 Menschen in Viehwagen deportiert. Im April 1943 begann der Aufstand, der von SS-Einheiten mit Panzern nach vier Wochen niedergeschlagen wurde. Fast alle Bewohner des Ghettos wurden getötet.

Hiob bewährt sich ebenfalls im Vertrauen zu Gott, auch wenn er ihn nicht versteht und sogar an ihm leidet. Sein Leiden an Gott äußert sich wortlos in den Zeichen der Trauer: Er zerreißt sein Gewand und schert sich das Haupt, betet aber dennoch Gott gleichzeitig an. Später erst findet sein Leid die Sprache der Klage. Hiob vertraut, daß auch sein Leid ein rechtes Handeln Gottes an ihm ist. „Nehmen wir das Gute an von Gott, sollen wir dann nicht auch das Böse annehmen?" (Hiob 2,10) Hiobs Vertrauen gründet in der erfahrenen Güte Gottes, geschieht aus voller Freiheit, bleibt aber trotzdem für viele unfaßbar.

Dieser Haltung gläubigen Vertrauens im Leid wird die Haltung von Hiobs Frau gegenübergestellt. Dazu leitet das Bild ‚Hiobs Weib‘ von Ernst Alt über. Seine Frau, übergroß im Vergleich zum kauernden Hiob dargestellt, wendet sich von Hiob ab. Dieser Haltung entspricht ihr einziger Satz im gesamten Hiobbuch. „Hältst du immer noch fest an deiner Frömmigkeit? Lästere Gott und stirb!" (Hiob 2,9) Hiobs Frau steht für die andere, vielleicht auch näherliegendere Möglichkeit im Leiden: Gott abzulehnen, ja ihm zu fluchen.

25

Der Erzähler des Hiobbuches stellt in Hiobs Frau den Menschen vor uns, der in der Verbitterung und im Hader mit Gott sich von ihm abkehrt. Diese Stunde versucht, in den Gestalten Hiobs und seiner Frau die beiden Möglichkeiten im Leid herauszuarbeiten: Vertrauen zu Gott oder Abkehr von Gott.

„Im Leid kommt der Mensch an seine äußerste Grenze, zur entscheidenden Frage nach seiner Identität, nach Sinn und Unsinn seines Lebens, ja der Wirklichkeit überhaupt. Immer wieder erweist sich das Leid als der Testfall für Gottvertrauen und Grundvertrauen, der Entscheidungen herausfordert. Wo wird das Gottvertrauen mehr provoziert als im konkreten Leid? Schon manch einem wurde konkretes Leid Anlaß zum Unglauben – manch anderem zum Glauben." (Hans Küng, Christ sein, München-Zürich 1974, S. 421)

B Ziele der Stunde

Die Schüler sollen

– ein Bekenntnis zu Gott in extremer Lebenslage kennenlernen;
– das Leid Hiobs und seine Reaktion darauf erarbeiten;
– erkennen, daß im Hiobbuch die Leidfrage mit der Frage nach Gott verknüpft wird;
– erkennen, daß Hiob in schwerem Leid an Gott festhält;
– erfahren, daß Hiobs Frau Gott ablehnt;
– die Reaktionen Hiobs und seiner Frau bewerten.

C Stundenverlauf

Den Einstieg in **Phase 1** bildet eine kurze Geschichte von Jossel Rackower (M 9). Der Lehrer weist vor dem Vorlesen kurz auf die lebensbedrohende Lage Rackowers im Warschauer Ghetto hin (siehe methodisch-didaktische Vorbemerkungen). Der Text enthält ein Bekenntnis zu Gott durch einen leidgeplagten Juden. Es ist eine sicherlich extreme Haltung Gott gegenüber: Festhalten an Gott trotz übermäßigem Leid. Eine ähnliche Einstellung findet sich später nochmals bei einem Pfarrer (14. Std.). Er hält an Gott fest, obwohl er seinen Sohn bei einem Unfall verliert. In beiden Fällen werden die Schüler die gläubig-ergebene Einstellung nur schwer nachvollziehen können. Sie werden dadurch eher provoziert und zugleich sensibilisiert für die Verknüpfung der Leidfrage mit der Frage nach Gott. Der Einstieg sollte zügig in die Arbeit am biblischen Text übergehen.

Zuerst wird die Reaktion Hiobs auf das ihm widerfahrene Leid herausgearbeitet, später die Reaktion von Hiobs Frau danebengestellt (M 10). Die Schüler finden aus den kurzen Textstellen Hiob 1,20–22 und 2,10bc schnell heraus, wie Hiob reagiert. Das Zerreißen seines Gewandes und das Scheren des Hauptes bedürfen vermutlich einer Erklärung. Diese beiden Gesten aus dem jüdischen Brauchtum drücken eine existentielle Störung des alltäglichen Lebens aus: Hiob entäußert sich seines Obergewandes, schert sich das Haupt und tritt somit in tiefe Trauer ein. Andererseits bekundet das Niederfallen Hiobs seine Haltung der Anbetung Gottes. Phase 1 schließt mit einer Einzelarbeit ab, in der die Schüler Ähnlichkeiten zur Reaktion Hiobs unterstreichen. Dadurch wird die Parallele sowohl in der Schwere des Leides als auch in der Haltung des unbedingten Vertrauens Gott gegenüber im Rackower-Text und bei Hiob verdeutlicht.

Ziel der **Phase 2** ist es, die Reaktion von Hiobs Frau zu untersuchen. Mit dem Bild

‚Hiobs Weib' von Ernst Alt (M 11) bietet der Lehrer den Schülern zunächst eine Möglichkeit an, ihre Haltung nachzuempfinden. Im Bild wendet sich Hiobs Frau in völligem Unverständnis von ihrem Mann ab. Sie hält Hiob für verrückt und steht innerlich und darum im Bild auch äußerlich über ihm. Sie ist dabei, ihn zu verlassen. Hiob scheint von den Flüchen seiner Frau getroffen und niedergedrückt zu werden. Nach der Bildbetrachtung wird der Schrifttext (Hiob 2,9) vorgelesen. Die Schüler sollen dann in eigenen Worten die Reaktion von Hiobs Frau formulieren. Sie fordert Hiob auf, von seiner Förmmigkeit, von Gott abzulassen und wünscht ihm den Tod. Ihre kurze, ablehnende Äußerung paßt zu ihrer Gebärde im Bild. Sie ist in ihrer Haltung der Gegenpol zu Hiob. Das Leid wird für sie Anlaß zum Unglauben. Es ist wichtig, dieses Ergebnis deutlich zu akzentuieren und im Tafelanschrieb neben die Reaktion Hiobs zu plazieren (siehe Stundenblätter).

In **Phase 3** können sich die Schüler mit den beiden biblischen Personen auseinandersetzen. Dazu werden im Klassengespräch die beiden Reaktionen zunächst einmal mit den Haltungen des ‚Magdeburger Ehrenmals' (M 5) verglichen. Die Schüler sollen dabei herausfinden, daß im Hiobbuch im Unterschied zum ‚Magdeburger Ehrenmal' die Leidfrage mit der Gottesfrage verknüpft wird.

Die Gegenpole ‚Festhalten an Gott durch Hiob' – ‚Ablehnung Gottes durch Hiobs Frau' werden mit Farbe unter den entsprechenden Spalten des Tafelanschriebs notiert. So ambivalent die beiden Reaktionen sind, so ambivalent bleibt auch die Reaktion der Schüler. Ein Teil wird Hiob als tiefgläubig verstehen können, ein anderer Teil hat Verständnis dafür, daß Hiobs Frau an Gott zweifelt. Beide Reaktionen bleiben in ihrer jeweiligen Eindeutig-

keit extreme Haltungen. In den Folgestunden wird deutlich, daß Hiobs Festhalten an Gott ein Prozeß ist, in dem auch für Unverständnis, Klage und Anklage Raum bleibt.

7./8. Stunde:
Hiobs Freunde erklären sein Leid

A Methodisch-didaktische Vorbemerkungen

In drei Redegängen (Kap. 4 bis 27) wird im Hiobbuch die Konfrontation Hiobs mit seinen Freunden dargestellt. Im Mittelpunkt dieser Doppelstunde (Phase 3/4) steht eine Auswahl dieser Reden, in denen die Freunde das Leid Hiobs erklären. Die Länge der Reden wird hier auf wesentliche Argumente reduziert. Inhaltlich vertreten die Freunde das traditionelle Vergeltungsdogma des Glaubens Israels, nach dem es den Gerechten in diesem Leben gut und den Frevlern entsprechend schlecht ergeht. Jede Tat steht in engem *Tun –* Zusammenhang mit dem Ergehen. Diese *Ergehen* klassische Lehre wird für die Schüler in vier Einzelargumenten der Freunde entfaltet.

Im Hiobbuch selbst antwortet Hiob nach jeder Aussage der Freunde in einer Gegenrede. Im Unterricht werden diese Gegenreden in einer Antwort Hiobs zusammengefaßt. „Im Dialogteil ist es nicht das Leiden als solches, gegen das sich Hiob auflehnt. Es ist vielmehr die Behauptung der Freunde, die in diesem Leiden und in der Sprache dieses Leidens den Beweis sieht, daß Hiob ein Frevler, ein Gottloser ist; auch die Behauptung, die Schwere des Leidens müsse die Schwere seines Vergehens entsprechen, für das Gott ihn bestraft. Und Gott scheint, wenn er Hiob

27

seinem Leid und damit dem Weg in den Tod schweigend überläßt, auf der Seite der Freunde zu stehen. Aber dann antwortet Gott; und in seiner Antwort tritt er auf Hiobs Seite, tritt für ihn ein." (C. Westermann, Das doppelte Gesicht Ijobs, in: Concilium, Internationale Zeitschrift für Theologie, 19. Jg., Heft 11, Zürich-Mainz-Nimwegen 1983, S. 685) Folgerichtig wird im Unterricht neben der Antwort Hiobs auch die Antwort Gottes auf die Reden der Freunde eingebracht. Auf diesen inhaltlichen Mittelpunkt – Deutung des Leides durch die Freunde, Entgegnung Hiobs und Antwort Gottes – führen die Phasen 1 und 2 hin.

Ausgangspunkt der Stunde ist der Versuch der Freunde, an Hiobs Leid Anteil zu nehmen, ihm nahe zu sein. Bei der Textauswahl aus der Rahmenerzählung (Hiob 2,11–13; 42,7) und aus den Reden der Freunde wird didaktisch zusammengefügt, was quellenkritisch auseinandergehört. In Hiob 2,11–13 sind drei Freunde genannt. Diese Zahl der drei Freunde wird im Unterricht durchgehalten, obwohl im Hiobbuch Elihu als vierter Freund dazutritt (Kap. 32 bis 37). Die Erwähnung des stummen Mitleidens der Freunde in Phase 1 bildet einen Kontrast zu der folgenden Distanzierung (Phasen 2 und 3). In Phase 2 können die Schüler ihre evtl. aus der jeweiligen religiösen Sozialisation bekannten Deutungsversuche zum Leid mit einbringen. Dabei kann man mit traditionellen Erklärungsmustern der Schüler rechnen, z. B. Gott prüft durch Leid, Leid als Strafe für Fehlverhalten. Auch wenn diese Schülerargumente im Unterricht nicht einzeln bewertet werden können, wird ihre Fraglichkeit in der Gegenrede Hiobs und Gottes deutlich. Die Fraglichkeit liegt darin, daß Leid nicht als Leid gesehen wird, sondern funktionalisiert wird zum Zweck der Strafe,

der Läuterung oder des geduldigen Gehorsams. Diese fragwürdige theologische Bewältigung des Leidens hilft dem Leidenden nicht und stößt daher bei Hiob und Gott auf Widerspruch. Jeder Versuch, Gott als Verursacher des Leides zu sehen, steht in der Gefahr, das insgesamt positive biblische Gottesbild zu sehr zu verdunkeln.

Hiob beharrt gegenüber seinen Freunden auf seiner Unschuld. Gott verwirft die Erklärungen der Freunde, die falsch von ihm geredet haben.

Diese Doppelstunde lebt in der Spannung zwischen den didaktischen Zielen der emotionalen Veranschaulichung der Nähe der Freunde einerseits (Phasen 1, 5) und der Aufarbeitung ihrer distanzierenden Erklärungsversuche andererseits (Phasen 2–4).

B Ziele der Stunde

Die Schüler sollen

- das Mitleiden der Freunde Hiobs beschreiben;
- eigene Deutungsversuche für Hiobs Leid finden;
- die Nähe und Distanz der Freunde in einem Folienbild darstellen;
- die Ablehnung der Erklärungsversuche durch Hiob und Gott kennenlernen und bewerten;
- die Situation Hiobs, das Mitleiden und die Distanzierung der Freunde pantomimisch umsetzen.

C Stundenverlauf

In dieser Stunde werden in verschiedenen Phasen Inhalte mit Folienteilen veranschaulicht, die der Lehrer selbst aus einer Kopiervorlage herstellt. Die Arbeit mit Folien kommt Mittelstufenschülern entgegen, erfordert vom Lehrer allerdings eine etwas mühevollere Vorbereitung und didaktisches Geschick in der Durchführung.

Am Beginn von **Phase 1** informiert der Lehrer über die Situation Hiobs: Abwenden seiner Frau, seine Einsamkeit. Danach unterstreichen die Schüler in Einzelarbeit Verben im Bibeltext (Arbeitsblatt 3), die sich auf das Verhalten der Freunde gegenüber Hiob beziehen. In Hiob 2,11–13 fällt nämlich die hohe Anzahl der Verben auf, die den Freunden zugeordnet sind: sie „hörten", „kamen", „vereinbarten hinzugehen, um ihre Teilnahme zu bezeigen und um zu trösten", „sie schrien auf und weinten", um nur einige zu nennen. Im anschließenden Klassengespräch wird die in den Verben ausgedrückte Haltung der Freunde gegenüber Hiob herausgearbeitet: Hiobs Freunde leiden mit. Dieses Mitleiden, besonders ihr Schweigen, wird mit einem Schema aus Folienteilen dargestellt: Hiobs Freunde werden nahe um Hiob herum gruppiert. Ein Folienring um die Gruppe verstärkt den Eindruck des Beistandes und symbolisiert so den Freundeskreis. (Alternativ könnte die schematisierte Gestalt Hiobs aus der Kopiervorlage durch eine Folienkopie der konkreteren Darstellung Hiobs im Bild von Ernst Alt ersetzt werden.)
„Solches wortlose Dabeisein ist hilfreicher als alles eilfertige wortreiche Tröstenwollen. Wie großer Schmerz stumm ist, so weiß auch rechte Teilnahme stille zu werden und mit den Worten zu warten, bis sie gerufen werden." (F. Horst, Hiob, Kap. 1–19, Neukirchen-Vluyn 1983, S. 35)

In **Phase 2** erfahren die Schüler in einer kurzen Lehrerinformation, wie sich die Freunde nach ihrem stummen Mitleiden von Hiob distanzieren. Diese Distanzierung ergibt sich aus den Erklärungsversuchen, die aber inhaltlich erst in Phase 5 eingeführt werden. Das Folienbild aus Phase 1 wird so umgebaut, daß die Distanzierung deutlich wird: die Freunde werden nun außerhalb des Folienringes plaziert.
Zunächst versuchen die Schüler, eigene Deutungen für Hiobs Leid zu formulieren. Die Deutungsversuche der Schüler werden während des Klassengesprächs auf den Folienpfeilen (Kopiervorlage) notiert. Ein Teil der Schüler wird u. a. einen kausalen Zusammenhang zwischen Tun und Ergehen nennen, also Leid als Strafe für begangene Sünde bezeichnen, ein anderer Teil einen für uns nicht verstehbaren ‚höheren Sinn' voraussetzen. Manche Schüler mögen Leid für nicht erklärbar halten.
Die Folienpfeile mit den Deutungsversuchen der Schüler werden vom Lehrer in das Folienbild aus Phase 1 eingefügt. Da die Freunde im Folienbild bleiben, entsteht der Eindruck, daß die Deutungsversuche der Schüler von den Freunden kommen und somit evtl. mit deren Erklärungen identisch sind. Es ist gut möglich, daß in dieser Phase Ergebnisse der Textarbeit aus Phase 4 vorweggenommen werden. Man mag dies als Hinweis dafür nehmen, daß uns mit Hiobs Freunden Typen oder Erklärungsmuster vorgestellt werden, die auch unter uns lebendig sind. Insofern ist die kleine Dissonanz im Folienbild gewollt: Freunde Hiobs mit Deutungsversuchen der Schüler.

In **Phase 3** werden vier biblische Erklärungsversuche der Freunde auf der Grundlage von Schrifttexten in Partnerarbeit zusammengefaßt. Die Schrifttexte stehen den Schülern als Arbeitsblatt 3 „Reden der Freunde Hiobs" zur Verfügung. Die biblischen Erklärungsversuche deuten Leid im Horizont der Gottesfrage:

1. Hiob 4,3–5: Leid ist ein Prüfstein Gottes, an dem Hiob seine Stärke bewähren soll.
2. Hiob 4,7f.; 8,20: Gott läßt niemand ohne Eigenverschulden leiden.
3. Hiob 5,17f.; 36,15: Gott erzieht durch das Leid.
4. Hiob 11,5–7: Die Unergründlichkeit Gottes verwehrt Hiob, sein Leiden zu verstehen.

Im anschließenden Klassengespräch werden die Ergebnisse der Arbeitsaufgabe mit den Deutungsversuchen der Schüler aus Phase 2 verglichen. Dabei kommt es sicher zu den bereits erwähnten Übereinstimmungen.

Wichtig ist nun, daß die Schüler mit einer eigenen Stellungnahme zu Wort kommen. Sie werden gefragt, ob sie einem Leidenden gegenüber so wie Hiobs Freunde argumentieren könnten und ob sie selbst als Leidende eine dieser Äußerungen akzeptieren würden. Zu erwarten ist eine kontroverse Diskussion, da die Bewertungen je nach Glaubenshaltung der Schüler unterschiedlich ausfallen werden. Manche werden sagen, daß die Äußerungen dem Leidenden einen Sinn vermitteln können, der wohl größere Teil wird die Antworten wenig hilfreich und kaum tröstlich finden. Einige empfinden die Erklärungsversuche evtl. als Angriff auf den Leidenden.

In **Phase 4** lesen die Schüler die Stellungnahmen Hiobs und Gottes im biblischen Wortlaut vor (M 12). Diese werden im Klassengespräch erläutert. Hiob findet keine Schuld als Ursache für sein Leid und ist empört und enttäuscht über die Freunde. Er akzeptiert ihre Antworten nicht. Auch Gott verwirft die Erklärungen der Freunde. Ihr Gottesbild wird als unwahr bezeichnet: „... ihr habt nicht recht von mir geredet" (Hiob 42,7). Hier wird freilich nur die schroffe Zurückwei-

sung der Erklärungen durch Gott angesprochen. Die Gottesrede an Hiob wird in der 10. Stunde ausführlicher behandelt. Am Ende dieser Phase wird nochmals das Folienbild aus Phase 2 eingeblendet. Der Lehrer wischt die Eintragungen auf den Folienpfeilen ab. Damit läßt sich zeigen, daß die Hiob in die Enge treibenden Erklärungen abgetan sind, Hiobs einsames Leiden freilich nicht aufgehoben ist. Eine Antwort Gottes steht noch aus.

Phase 5 bindet die Schüler emotional in das Geschehen ein. Die Situation Hiobs wird mit der ganzen Klasse in drei Spielszenen erarbeitet und von einzelnen Schülern vor der Klasse ausschließlich pantomimisch umgesetzt. (Mögliche Vorschläge für die pantomimische Darstellung finden sich im Stundenblatt.)

Spielszene 1: Hiob im Leid.
Spielszene 2: Die Freunde leiden mit.
Spielszene 3: Die Distanzierung.

Der Lehrer braucht in dieser Phase Fingerspitzengefühl, um einerseits das Spielerische zu fördern und andererseits ein Abgleiten ins Kitschige oder gar Lächerliche zu verhindern. Das Gelingen der Spielszenen hängt von der emotionalen Atmosphäre in der Klasse ab, ob Schüler aus sich herausgehen können. Das im Spiel ausgedrückte Glaubensgeschehen erfordert hier ein gewisses Maß an Ernsthaftigkeit. Wo diese Haltung in einer Klasse nicht zu erwarten ist, kann der Lehrer auf diese Phase ganz verzichten.

9. Stunde:
Hiob klagt

A Methodisch-didaktische Vorbemerkungen

Diese Stunde konzentriert sich ganz auf die Klage des leidenden Hiob. In der Rahmenerzählung zeigt er sich zunächst in sich verschlossen und doch gottergeben, während er im Hiobdrama klagt und nach Gott schreit. Dieser Hiob der Rahmenerzählung und des Hiobdramas entspricht in seinem Leid den Phasen im Leid, wie sie Dorothee Sölle beschreibt. „Die archaische Phase des Schmerzes, die wir immer wieder durchmachen, läßt uns dumpf und stumm zurück. Der übergroße Leidensdruck versetzt in total empfundene Ohnmacht, die Autonomie des Denkens, Redens und Handelns ist uns genommen. Wir sind vollständig situationsbeherrscht, und die kaum formulierte Klage gleicht eher dem Schrei eines Tieres." (Dorothee Sölle, Leiden, Stuttgart ³1976, S. 90) Aus dieser kaum formulierten Klage wird dann – und so auch bei Hiob – die bewußt formulierte Klage. Diese Klage ist ein erster Versuch, das stumme Leiden in der oft unartikulierten Sprache des Schreies und des Schmerzes zu bewältigen.
Der stumme, verschlossene Hiob wird in Phase 1 zunächst mit dem Habdank-Holzschnitt ‚Hiob' veranschaulicht. Die für Habdank typische Kargheit der Darstellung reduziert die Gestalt auf den Grundzug der Verschlossenheit. Dem verschlossenen Hiob wird dann in Phase 2 der klagende Hiob mit einer Zeichnung von Birkle gegenübergestellt. Dort Verschlossensein, hier klagendes Offensein. In Phase 3 finden sich diese beiden Haltungen in Hiobzitaten wieder. Zunächst soll die Haltung der Verschlossenheit und der Trauer dem Habdank-Holzschnitt zugeordnet werden. Der Hiob von Habdank sagt in seiner Verzweiflung Gott nicht ab. Hiob hält unter der Wucht der Schläge weiter an Gott fest. In seiner Trauer ist er noch fähig zu sprechen: „Der Herr hat gegeben, der Herr hat genommen. Gelobt sei der Name des Herrn." Er redet Gott noch nicht direkt an, aber seine Sprache hat bereits „ein Gefälle zur Anklage Gottes" (C. Westermann). Unausgesprochen kann er Gottes Handeln an ihm nicht mehr verstehen. Die an Gott gerichtete Klage durchzieht die Reden Hiobs von Anfang an und mündet in offener Anklage.
In den ausgewählten Textstellen aus den Reden Hiobs (Kap. 10 und Kap. 30) richtet sich Hiob an Gott als den Schöpfer. Als Schöpfer scheint Gott wieder zurückzunehmen, was er erschaffen hat. Hiob bestreitet aber trotzdem nicht, daß Gott der Schöpfer ist. Gott hingegen schweigt und scheint in seinem Schweigen den Freunden Recht zu geben. Hiob wendet sich hier an den Schöpfergott, ohne das Handeln des Schöpfers zu verstehen, er vertraut „auf Gott gegen Gott" (Claus Westermann). In der Abgründigkeit seines Leidens klagt Hiob und öffnet sich Gott. Gott bleibt nicht stumm und antwortet.

B Ziele der Stunde

Die Schüler sollen
– die Hiob-Darstellungen von Walter Habdank und Albert Birkle beschreiben;
– erkennen, daß Walter Habdank einen in sich verschlossenen Hiob darstellt;
– erkennen, daß sich Hiob bei Albert Birkle in der Klage Gott zuwendet;
– die beiden Haltungen Hiobs vergleichen;
– erkennen, daß der klagende Hiob sich stärker auf Gott ausrichtet als der in sich verschlossene.

C Stundenverlauf

Phase 1 beginnt mit der Betrachtung des Holzschnittes ‚Hiob' von Walter Habdank (M 13). Zunächst beschreiben die Schüler die Körperhaltung Hiobs. In einem zweiten Schritt wird die Darstellung der Körperhaltung als Ausdruck einer inneren Haltung interpretiert. Der Lehrer protokolliert die Schülerantworten an der Tafel, um später einen Vergleich mit einer anderen Hiob-Darstellung von Albert Birkle zu erleichtern. Der Hiob des Habdank-Holzschnitts sitzt, die Beine angezogen, die Füße aufeinandergepreßt, zusammengekauert am Boden. Die übergroßen Hände gehen zum Kopf, als wollten sie das Gesicht verbergen. Dieser Hiob wird so als ein in seinem Leid Eingeschlossener gezeigt. Er ist in sich verschlossen, stumm und verkrampft.

Als stummer Folienimpuls wird den Schülern nach der Bildbesprechung Hiob 2,21 vorgegeben: „Der HERR hat gegeben, der HERR hat genommen. Gelobt sei der Name des HERRN."

In einem anschließenden kurzen Klassengespräch wird die Spannung zwischen der Annahme des Leides einerseits und der in sich verkrümmten Haltung Hiobs andererseits herausgearbeitet.

Aus dieser Spannung ergibt sich Motivation für weitere Überlegungen in **Phase 2.** Als Kontrast zu Habdank kommt hier das Bild ‚Hiob' (Zeichnung Hiob 3) von Birkle (M 14) zum Einsatz. Es wird unter derselben Fragestellung wie der Holzschnitt in Phase 1 betrachtet und besprochen. Die Ergebnisse werden an der Tafel parallel neben dem bisherigen Aufschrieb gesammelt.

Dieser zweite Hiob ist in offener Körperhaltung dargestellt. Die Gestalt reckt sich nach oben, ist erschrocken und fordernd auf ein Gegenüber über ihm ausgerichtet.

Das Bild zeigt Hiob, der sich auf Gott hin öffnet und dabei in seiner Verzweiflung an ihm festhält.

Phase 3 verbindet die Bilder mit dem Hiob-Buch. Einige Textstellen aus den Reden Hiobs, die den Schülern als Arbeitsblatt 4 vorliegen, werden zuerst nur mündlich den beiden Hiob-Darstellungen zugeordnet. Eine mögliche Zuordnung ist im Stundenblatt vorgeschlagen. Die Schüler schneiden dann die Textstellen aus und kleben sie entsprechend der Zuordnung unter die Bilder ins Materialienheft ein. Dieser Schritt dient zur Auflockerung und unterstützt die Ergebnissicherung.

Im abschließenden Klassengespräch werden die beiden Haltungen Hiobs verglichen. Dabei stellt sich heraus, daß der klagende Hiob sich auf Gott hin öffnet. Der verschlossene Hiob hält zwar auch an Gott fest, aber er findet noch nicht zur Sprache der Klage.

Auf einen Tafelanschrieb wird hier verzichtet, um das Gespräch flüssig zu halten und möglichst vielen Schülern eine Stellungnahme zu erleichtern. Lediglich ein Gesamtergebnis wird vom Lehrer in einem Satz farbig unter den Ergebnissen der Bildbetrachtung eingetragen, um das Hauptlernziel der Stunde zu akzentuieren: Hiob öffnet sich und klagt Gott an.

Jürgen Ebach schreibt dazu Folgendes: „Die Klage, ja Anklage hält an Gott als dem einen Herrn der Wirklichkeit fest, indem sie einen anderen Adressaten oder ein ins Leere gehendes Reden verweigert. (...) Wo Gott bei der Wahrnehmung des Scheiterns ausgeklammert bleibt, wird er vermindert. Im Lob und in der Klage und noch in der Anklage wird Gott als der Herr bekannt; in der Neutralität oder Umgehung wird er verleugnet. In Anlehnung an einen Gedanken, den Elie Wiesel in seinen Werken in der Erinnerung der jüdischen Geschichte immer wieder zur Sprache bringt: Der Glaubende kann für Gott und gegen Gott, aber nicht ohne Gott sein." (Jürgen Ebach, Herr, warum handelst du böse an diesem Volk? Klage und Anklage Gottes in der Erfahrung des Scheiterns, in: Concilium, Internationale Zeitschrift für Theologie, 26. Jg., Heft 5, Zürich-Mainz-Nimwegen 1990, S. 435 f.)

Der trinitarische Gott und das Leid

10. Stunde:
Gott, der Schöpfer, antwortet Hiob

A Methodisch-didaktische Vorbemerkungen

Dieser Stunde liegen Auszüge aus den Gottesreden zugrunde (Hiob, Kap. 38–42). An dieser Stelle kann nicht in den literarkritischen Streit der Exegese über Umfang und Art der Gottesreden eingegriffen werden. Trotzdem seien hier einzelne Problembereiche kurz angeführt. Im Hiobbuch liegen zwei Gottesreden vor, denen eine kurze Antwort folgt.

1. Gottesrede Kap. 38,1–39,30
   Antwort Hiobs Kap. 40,3–5
2. Gottesrede Kap. 40,6–41,26
   Antwort Hiobs Kap. 42,1–6

Die literarkritischen Auseinandersetzungen drehen sich um folgende Fragen:
a) Es gibt zwar eine Gotteserscheinung (38,1), aber ohne die vorliegenden Reden. Hiobs Qualen enden mit einer Gottesbegegnung.
b) Die beiden Reden sind auf eine Rede und auf eine Antwort zusammenzukürzen. Eine spätere Ausarbeitung machte zwei Reden und zwei Antworten Hiobs daraus.
c) Die Reden sind so, wie sie vorliegen, ursprünglich.
d) Ursprünglich gab es zwei verschiedene Rezensionen der Reden, die sekundär zu zwei Reden umgearbeitet wurden.

Diese schwierigen Probleme der Literarkritik bleiben im Unterricht ganz ausgeblendet, obwohl sie eine inhaltliche Gesamtdeutung der Reden mitbestimmen können.

Zu klären bleibt die Form der Gottesrede. Die Gottesrede enthält nach Otmar Keel alle formalen Elemente eines Streitgespräches: „rhetorische Frage", „rhetorische Imperative", „Eigenlob" und „beschreibende Stellen". Diese Elemente erfüllen alle eine bestimmte Funktion innerhalb der Streitreden.

Das Problem der Gottesreden ist nun allerdings nicht zuerst auf dem schweren literarkritischen Gebiet zu sehen, sondern auf dem Inhalt der Reden. Der Leser des Hiobbuches und der Schüler sind gespannt auf die Antwort Gottes. Was entgegnet der herausgeforderte Gott? Die Antwort Gottes besteht aus einer Anzahl von Fragen Gottes an Hiob. Hiob wird als Fragender zum Gefragten.

„Da antwortete Jahwe Hiob aus dem Wettersturm und sprach: Wer ist es, der den Ratschluß verdunkelt mit Gerede ohne Einsicht?" (38,1f.) Gott spricht Hiob an, die Freunde bleiben außer acht. In einer nicht endenwollenden Reihe von Fragen wird Hiob durch die verschiedenen Bereiche der Schöpfung geführt, in immer neuen Szenen wird ihm die Vielfalt der Schöpfung vor Augen gestellt. Hiobs Frage nach der Ursache, die oft gestellte ‚Warum-Frage‘, bleibt allerdings ohne Antwort. Wie geht nun der Unterricht mit diesen literarkritischen und inhaltlichen Problemen um? Im Unterricht wird nur die inhaltliche Seite der Gottesreden untersucht. Die literarkritischen Probleme sollten aber beim Lehrer den Horizont bei der unterrichtlichen Behandlung mitbestimmen.

Den Schülern werden zunächst Auszüge aus den Gottesreden vorgelegt. Ihnen wird dann die Möglichkeit zu einer spontanen Reaktion gegeben. Vielleicht kann die Rede auch für Schüler keine der Erwartungen erfüllen, die der vorhergehende Dialog geweckt hatte. Trotzdem ist die Rede Gottes eine Antwort an Hiob. Daher werden von den Schülern drei kurze, aber repräsentative Deutungsversuche der Antwort Gottes erarbeitet. Die Deutungsversuche sind von Martin Buber, Heinz Zahrnt und Werner Reiser. Sie bilden eine Art Kurzfassung der Theologie der Rede Gottes und finden sich immer wieder in der exegetischen Literatur. Martin Buber verweist im ersten Deutungsversuch auf die „wahre Antwort" in der Erscheinung Gottes. Sie allein gewährt neue Nähe, nicht der Inhalt der Antwort. „Es scheint, als wolle die Gottesrede allen Inhalt an das bereits Gesagte abtreten, um nur eines einzuhämmern: Faktizität (...) Daß Gott redet, ist alles. Mehr bedarf es nicht." (L. Steiger, Die Wirklichkeit Gottes in unserer Verkündigung. Festschrift H. Diem zum 65. Geburtstag, hg. M. Honecker und L. Steiger, München 1965, S. 160)

Der zweite Deutungsversuch von Heinz Zahrnt hebt hervor, daß Hiob seine Grenzen erkennen soll, da es keine Basis für einen Rechtsstreit mit Gott gibt. „Sowohl die Tendenz weisheitlicher Theologie im nachexilischen Judentum, die undialektisch das Weltgeschehen und Gottes Willen gleichzusetzen begann, als auch der Protest dagegen, der sich auf eigene Erfahrungen beruft und diese zum Maßstab der Bewertung des Handelns Gottes in Schöpfung und Geschichte macht, überschreitet anmaßend die Grenze menschlicher Möglichkeiten. (...) Und so endet sein Werk damit, daß Gott selbst seine Freiheit und Unverfügbarkeit verteidigt, indem er den Menschen in die geschöpflichen Schranken zurückweist und ihn auffordert, sich neu auf Gottes Gottsein und des Menschen Menschsein zu besinnen." (J. van Oorschot, Gott als Grenze, Berlin-New York 1987, S. 199f.)

Der dritte Deutungsversuch von Werner Reiser zieht aus den Schöpfungsfragen eine andere Konsequenz als Zahrnt. Nicht die unendliche Grenze zwischen Gott und Geschöpf wird hier herausgestellt, sondern die Schöpfung wird „Raum zum Atmen". Darin ist die Gottesantwort für Hiob gerade entgrenzend. Gott wendet sich in „väterlich-freundlicher Überlegenheit" (Victor Maag) an Hiob. „So reicht Jahwä dem Versinkenden die Hand und zieht ihn wieder auf festen Grund. Der Ton der Rede ist außer durch diese Zielsetzung auch durch die Ruhe Gottes bestimmt. (...) In unbeirrbarer Größe und Güte offenbart er sich seinem leidenden Geschöpf zu dessen Heilung." (Victor Maag, Hiob, Göttingen 1982, S. 120f.) Hiob staunt, er wird so getröstet und darf „ohne Not schweigen".

Diese drei zentralen Deutungsversuche werden zum Abschluß der Stunde von den Schülern bewertet. Ob die Schüler in der Antwort Gottes nur „drei Stunden Naturkunde für Hiob" (L. Steiger) erkennen oder ob sie in Gottes Rede eine helfende Antwort erkennen können, muß völlig offen bleiben. Wenn Gott auch nicht direkt auf die Warum-Frage antwortet, so genest doch Hiob tatsächlich an Gottes Fragen. Vielleicht liegt darin eine auch für Schüler annehmbare Antwort.

B Ziele der Stunde

Die Schüler sollen
– die Antwort Gottes an Hiob kennenlernen und spontan bewerten;
– drei Deutungsversuche zur Antwort Gottes verstehen;

- diesen Deutungsversuchen Auszüge der Gottesrede zuordnen;
- eigene Stellungnahmen zu den Deutungsversuchen formulieren;
- den Unterschied der Antwort Gottes zu den Reden der Freunde erkennen.

C Stundenverlauf

Den Einstieg in **Phase 1** bilden Auszüge aus den Gottesreden Kap. 38–42 (M 15), mit denen Gott auf die Klagen Hiobs (9. Std.) antwortet. Nach dem Vorlesen der Texte werden zunächst spontane Reaktionen gesammelt. Die Schüler meinen möglicherweise, daß Gott gar nicht auf Hiob und sein Leid eingeht, bestenfalls davon ablenkt. Einige hören aus der Gottesrede auch eine Zurechtweisung Hiobs heraus. Jedenfalls gibt Gott keine Begründung, warum Hiob leidet. Anschließend beschäftigen sich die Schüler mit der Antwort Hiobs (40,2–4; 42,1–6). Sie stellen dabei unschwer fest, daß Hiob sich mit der Antwort Gottes zufrieden gibt. Er klagt nicht mehr und widerspricht nicht. Es besteht also eine Spannung zwischen der eher ablehnenden, spontanen Reaktion der Schüler und der zustimmenden Äußerung Hiobs.

In **Phase 2** werden deshalb zur Antwort Gottes drei unterschiedliche Deutungsversuche von Martin Buber, Heinz Zahrnt und Werner Reiser vorgestellt (M 16). Möglicherweise erscheint den Schülern wenigstens einer davon plausibel und macht so Hiobs Reaktion eher nachvollziehbar. Denkbar ist aber auch, daß die Schüler diese Deutungsversuche als zu weit entfernt von Hiobs Problemen empfinden. Die Schüler formulieren in Partnerarbeit in jeweils einem Satz, wie in den drei Sachtexten die Antwort Gottes an Hiob erklärt wird. Die Ergebnisse werden an der Tafel gesammelt.

Martin Buber betont in seinem Deutungsversuch, daß der Sinn der Gottesreden die Anrede Gottes an Hiob und also die Begegnung mit Gott ist. Heinz Zahrnt weist darauf hin, daß in den Gottesreden jeder Vergleich zwischen Gott und dem Menschen in Abrede gestellt wird. Es gibt keine Basis für einen Rechtsstreit mit Gott. Hiob soll also seine Grenzen Gott gegenüber erkennen, indem er sich als Teil des göttlichen Schöpfungswerkes begreift. Bei Werner Reiser kommt schließlich zum Ausdruck, daß Hiob durch Gott von seinem Leid abgelenkt wird. Diese Ablenkung wird hier positiv bewertet. Sie geschieht im Staunen über die Schöpfung.

Phase 3 verbindet die Deutungsversuche mit den Bibeltexten aus Phase 1. In Einzelarbeit schreiben die Schüler jeweils passende Textstellen hinter die drei Deutungsversuche. Auf eine vollständige Zuordnung kommt es dabei nicht an. Entscheidender ist, daß die Schüler die Deutungsversuche ansatzweise in den Bibeltexten auffinden. Einzelne Stellen werden vom Lehrer an der Tafel hinter dem entsprechenden Deutungsversuch notiert.

Nach den bisherigen, eher erarbeitenden Phasen soll das Klassengespräch in **Phase 4** den Schülern eine persönliche Stellungnahme ermöglichen. Die Leitfrage, ob die Schüler wie Hiob mit der Antwort Gottes zufrieden sind, wird sicher kontrovers beantwortet werden. Einerseits wird Hiob von Gott als Gesprächspartner ernst genommen. Andererseits wird sein Leid zunächst nicht begründet und schon gar nicht aufgehoben. Manchen Schülern könnte eine Stellungnahme auch schwerfallen, weil sie den Zusammenhang zwischen den Deutungsversuchen und den Bibeltexten nicht herstellen können. Abschließend wird der Unterschied zwischen der Antwort Gottes und den Reden der Freunde erarbeitet. „Er [Gott] greift jedoch weder dessen [Hiobs] Anklagen auf, noch antwortet er auf dessen Fragen, sondern er ergreift die Initiative und stellt Fragen. Damit wird der in der Lehre seiner Freunde befangene Ijob, der wie sie seine Gerechtigkeit belohnt sehen will, von seiner Heilsdialektik, vom Thema der Vergeltung und vom Teufelskreis Sünde – Leiden mit seinen ausweglosen Windungen befreit. Mit seinen Gegenfragen überspielt Gott nicht die Fragen Ijobs, sondern bringt diesen bloß dahin, wo er ihn erkennen kann. Er spricht zu ihm von seiner Schöpfung, die auf diese Weise transparent wird. Gott ist bei ihr und liebt sie. Ijob muß sich in dieser Welt, für die jemand sorgt, behütet fühlen, und er muß entdecken, daß man nicht auf dem Weg des Begreifens, sondern auf dem des Anbetens zu Gott gelangt." (A. Gonzalez, Ijob, der Kranke, in: Concilium, Internationale Zeitschrift für Theologie, 12. Jg., Heft 11, Zürich-Mainz-Nimwegen 1976, S. 566 f.) Im Gegensatz zu den distanzierten Belehrungen der Freunde kann die Begegnung mit Gott für Hiob echter Trost sein. In der Weite und Vielfalt der Schöpfung ist Hiob zwar klein, aber dennoch in Gott geborgen.

Die folgenden Stunden 11–13 brechen zwar mit der Gestalt Hiobs, führen aber das Handeln Gottes in der Gestalt Jesu und im Wirken des Heiligen Geistes weiter.

11. Stunde:
Jesus leidet mit

A Methodisch-didaktische Vorbemerkungen

Gebrochen wird mit der literarischen Gestalt Hiobs, in den Blick kommt die reale Gestalt Jesu. Sein Leiden und sein Ende waren anders als bei Hiob. Jesu Leid lag in der Konsequenz seines Lebens, sein Leben endet am Kreuz. Hiob konnte sein Leid nicht als Folge seines bisherigen Handelns begreifen. Nur von der geglaubten Auferweckung Jesu zu neuem Leben mit Gott fällt Licht auf dieses dunkle Kreuzesgeschehen. Jesus „überholt" (Heinz Zahrnt) die alttestamentliche, dichterische Gestalt Hiobs.
Weitergeführt wird dagegen das Handeln Gottes in und mit dem Menschen: Im AT mit Hiob und im NT mit Jesus. Gott antwortet Hiob. Diese Antwort war verschieden deutbar. Der alttestamentliche Gott ließ sich durch das Unglück Hiobs zur Antwort herausfordern. Er zeigt seine Nähe und Ferne als Schöpfergott. Die Antwort Gottes auf das Leid bewahrt so eine letzte Offenheit im ganzen AT. Im Unterricht wird zwar nicht darauf eingegangen, doch steht Gott auch im AT in einem Treue- und Bundesverhältnis zu seinem Volk. Er wird durch das Unglück und Scheitern seines Volkes direkt mitbetroffen. Im NT erfährt das Verhältnis Gott – Leid durch Jesus eine neue Akzentuierung und dadurch eine radikale Eindeutigkeit. Während Hiob Gott als den Schöpfer erkannt hat, redet Jesus Gott vertrauensvoll als Vater an. In diesem Vertrauensverhältnis offenbart Jesus Gottes innerstes Wesen.

Jesu Leben, sein Tod und seine Auferstehung in bezug zu unserer Leidsituation

(11./12. Std.) bilden eine differenzierte Einheit. Ein spezifisch christliches Leidverständnis kann zentral nur von der Passion und Auferstehung Jesu erkannt werden, ist aber schon im Handeln des irdischen Jesus begründet.

In Phase 1 werden die Schüler zunächst mit zwei gegensätzlichen Meinungen über Jesus konfrontiert. Jesus war schon zu seiner Zeit „die Gestalt eines Anspruchs" (Karl Heinz Neufeld). Er provoziert die einen zur Nachfolge, andere zur Ablehnung. Sein Anspruch gilt auch heute noch. Die eine Meinung, mit der die Schüler konfrontiert werden, repräsentiert die Ablehnung Jesu. Gründe dafür dürften der historische Abstand zu Jesus, mangelnde Kenntnis und fehlender Glaubensbezug sein. Die zweite Meinung artikuliert die ungebrochene Sympathie mit Jesus, besonders mit seinem persönlichen Einsatz für andere. Gerade diese Nähe zu Randexistenzen beeindruckt Schüler, oft losgelöst von seinem Glaubensanspruch. Nach dieser eher offenen Anfangsphase steht in Phase 2 Jesu besondere Zuwendung zu leidenden Mitmenschen im Mittelpunkt. Sein aktiver Einsatz für die Leiden der einfachen Leute ist exegetisch am wenigsten umstritten. Breiter Konsens herrscht über seine „Option für die Armen". Weil aber niemand ausgeschlossen werden soll, weil seine Sendung allen gilt, darum wendet sich Jesus gerade den Kleinen zu, die in der Welt nichts zählen. Damit wird die Frage des Leides von der Konzentration auf das Kreuz allein zunächst zurückgestellt und in das Leben Jesu selbst hineingenommen.

In Phase 3 wird mit einem leicht verständlichen, aber theologisch anspruchsvollen Zahrnt-Text auf zwei zentrale Gesichtspunkte aufmerksam gemacht: Jesus selbst gerät in seinem Mitleid selbst ins Leid. Seine Hingabe im Leben gipfelt in der völligen Hingabe seines Lebens im Tod. Außerdem offenbart sich im Kreuz ein neues Gottesverständnis: Gott ist keine „kalte Himmelsmacht", er „geht nicht über Leichen", sondern Gott-Vater leidet in Jesus mit. Obwohl theologisch weithin akzeptiert, ist dieses Gottesverständnis für die meisten Schüler neu. Aus einem naiven Allmachtsverständnis Gottes heraus fällt es ihnen schwer, Gott und Leid in Jesus überhaupt zusammenzubringen. Das Verständnis eines am Kreuz mitleidenden Gottes wird im Unterricht nicht weiter vertieft, sondern nur erwähnt. Es bleibt zu beachten, daß Mittelstufenschüler mit einer theologischen Aufarbeitung schnell überfordert sind.

Diese Stunde zur Gestalt Jesu ist zwar vom Inhalt her anspruchsvoll, aber methodisch von den Schülern gut zu bewältigen.

B Ziele der Stunde

Die Schüler sollen

– zu zwei gegensätzlichen Äußerungen der Person Jesu Stellung nehmen;
– anhand von Bibeltexten die mitleidende Zuwendung Jesu zu den Mitmenschen seiner Zeit erkennen;
– den Tod Jesu als Konsequenz seines Lebens verstehen;
– erfahren, daß sein Tod als Akt der Hingabe seines ganzen Lebens gedeutet werden kann;
– verstehen, daß Gott im Leiden und Tod Jesu mitleidet, mitbetroffen ist;
– verstehen, daß Gott Menschen im Leid begleitet, indem er selbst mitleidet.

C Stundenverlauf

Sprechblasen mit einer ablehnenden und einer zustimmenden Äußerung zur Person Jesu werden den Schülern zu Beginn von

Phase 1 auf einer Folie vorgestellt (vom Lehrer angefertigt). Die gegensätzliche Einschätzung der Person Jesu wird einige Schüler zur spontanen Stellungnahme veranlassen. Dabei werden die unterschiedlichen Glaubenshaltungen der Schüler zur Sprache kommen, die teils mit Jesu Hilfe und Trost im Leiden rechnen, teils aber auch eine Verbindung zwischen seinem und unserem Leben leugnen. Gemeinsam ist diesen Haltungen lediglich, daß sie den Glauben vor allem nach seinem Nutzen bewerten, entsprechend der Frage: „Was bringt es mir?" Mit dieser Frage bleiben sie freilich in einer oberflächlichen Betrachtung stecken. Sie verkennen dabei den Anspruch Jesu damals und heute.

Phase 2 wendet sich dem Leben Jesu zu, besonders seinem Einsatz für leidende Menschen. Auf dem Arbeitsblatt 5 „Jesus begegnet Menschen" fassen die Schüler in Einzelarbeit den Inhalt von Schrifttexten, vorwiegend aus dem Markusevangelium, jeweils in einem Satz zusammen. Diese Arbeitsaufgabe ist leicht und daher rasch zu erledigen. Die Schriftstellen sind so ausgewählt, daß das ganze Dasein Jesu als ein Für-Andere-Dasein erkennbar wird: Jesus heilt Aussätzige, hält Mahlgemeinschaft mit Sündern, sorgt sich um das Essen seiner Zuhörer, segnet die Kinder. Jesus leidet so mit anderen und gerät selbst in Leid.

Der kreuzestheologische Aspekt bleibt hier zunächst im Hintergrund. Die Schüler sollen vom ganzen Leben Jesu ausgehend das Kreuz als Konsequenz dieses Lebens der Hingabe verstehen. Dies ist das Hauptziel der **Phase 3.** Zu Beginn dieser Phase wird ein Text von Heinz Zahrnt (M 17) vorgelesen. Im anschließenden Klassengespräch werden zwei Deutungen des Todes Jesu erarbeitet. Zum einen soll im Klassengespräch deutlich werden, daß

Jesu Tod „der Grundtendenz seines Lebens" entspricht, eines Lebens der liebenden Hingabe. Jesus „ist gestorben, wie er gelebt hat".

Zum anderen zeigt sich in seinem Leiden und Sterben, daß Gott im Leid ein Mitbetroffener ist. Er leidet mit den Menschen mit. Schon früh formuliert Dietrich Bonhoeffer in seinem Buch ‚Widerstand und Ergebung': „Gott läßt sich aus der Welt herausdrängen ans Kreuz. Gott ist ohnmächtig und schwach in der Welt, und gerade so ist er bei uns und hilft uns (...) Die Bibel weist den Menschen an die Ohnmacht und das Leiden Gottes, nur der leidende Gott kann uns helfen." (Dietrich Bonhoeffer, Widerstand und Ergebung, hg. E. Bethge, München [9]1976, S. 178)

Evtl. wird von Schülern zusätzlich der Gedanke des stellvertretenden Todes Jesu eingebracht: für uns gelitten, für uns gestorben. Der Lehrer könnte diesen Aspekt in einem kurzen Hinweis mit der Thematik des Mitleidens Jesu verbinden. Jesu Mitleiden konkretisiert sich nicht nur in seinem Leiden, sondern auch in seinem Tod am Kreuz. Seither gibt es kein gottverlassenes Sterben mehr, der Mensch kann im Sterben Gemeinschaft mit Jesus finden. Diese Gemeinschaft ist Inhalt der stellvertretenden Bedeutung seines Todes. Das Todesgeschehen verliert so seine Hoffnungslosigkeit.

Mittelstufenschüler tun sich erfahrungsgemäß schwer im Lesen und Verstehen theologischer Texte. Es kann darum hilfreich sein, wenn jeder Schüler den Text nochmals durchgeht im Hinblick auf die gestellten Leitfragen. Phase 3 hat inhaltlich gesehen einen deutlich höheren Schwierigkeitsgrad als Phase 2. Dies kann dazu führen, daß der Lehrer das Klassengespräch stark fragend-entwickelnd führen muß, um das oben genannte Lernziel zu erreichen.

Es ist denkbar, diese Phase zum Mitleiden Gottes zu einer eigenen Stunde auszubauen. Dafür eignet sich z. B. das Kreuzigungsbild von Matthias Grünewald aus dem Isenheimer Altar.

Phase 4 ist als Zusammenfassung der Phasen 2 und 3 gedacht und dient der schriftlichen Ergebnissicherung der theologischen Hauptinhalte der Stunde. Damit wird die Einheit von Leben und Tod bei Jesus nochmals unterstrichen. Die Schüler erhalten dazu das Arbeitsblatt 6 „Jesus starb, wie er gelebt hat" und füllen in Einzelarbeit einen Lückentext ohne vorgegebene Lückenwörter aus (Lösung auf der Rückseite von Arbeitsblatt 6). Um den Arbeitsauftrag erledigen zu können muß jeder Schüler den Ablauf der Stunde Revue passieren lassen bzw. die bis dahin erstellten Tafel- und Heftaufschriebe durchgehen.
Evtl. kann der Lückentext bei Zeitmangel als **Hausaufgabe** aufgegeben werden.

12. Stunde:
Begegnung mit dem
Auferstandenen

A Methodisch-didaktische
Vorbemerkungen

Gott hat durch Jesu Auferweckung eine neue Hoffnung in die Welt des Leides eingesenkt. Die Begegnung mit dem Auferstandenen gab den Emmaus-Jüngern damals genügend Licht, um in der Niedergeschlagenheit weitergehen zu können. Der Glaube an die Auferstehung kann auch heute genügend Hoffnung geben, Leid zu ertragen. Diese Stunde steht daher in engem Zusammenhang mit der 11. Stunde, denn erst im Licht der Auferweckung sind

Kreuz und Tod Jesu nicht nur ein Zeichen des Leidens, sondern ein Zeichen der Überwindung des Leidens. Für Mittelstufenschüler kann die Auferstehung kaum als isolierte Fragestellung nach Textbefund, Erscheinungen oder leerem Grab angesprochen werden. Auferstehung kann nur als ein Geschehen im und für das Leben leidender, vom Tod bedrohter Menschen zur Sprache gebracht werden. Auferstehungsglaube wird zum Hoffnungsglauben – ‚Ostern im Ernstfall'.
Hingeführt zur biblischen Begegnung mit dem Auferstandenen wird mit einem Farbholzschnitt von Andreas Felger. Dieser ist Teil des Zyklus ‚Emmaus – Ein Weg' und wird im Materialheft schwarzweiß und in zwei verschiedenen Ausführungen wiedergegeben. Die erste Version zeigt zwei Menschen auf dem Weg, umgeben von Dunkel. Die ursprünglich im Bild sichtbare Gestalt Jesu ist hier weggelassen. Die Weglassung der Gestalt Jesu verstärkt die Hoffnungslosigkeit der beiden Jünger. Im Anschluß an die Bildbetrachtung wird Lk. 24,13–17 vorgelesen, wo Jesus begleitend zu den beiden Emmaus-Jüngern hinzutritt. Dabei geschieht die Verwandlung der niedergeschlagenen Jünger. Diese Verwandlung sollen die Schüler nun auf dem zweiten, unveränderten Felger-Bild erkennen. In dieser Version wird das Dunkel von der hellen Gestalt Jesu durchbrochen, die Jünger sind nicht mehr allein.
Die Bild- und biblische Textarbeit ergänzen sich und sind so Fundament, um die Lebenswirklichkeit des Auferstehungsglaubens auch heute erfahren zu können. Ohne diese heutige Erfahrungsmöglichkeit des Auferstehungsglaubens bliebe das biblische Auferstehungszeugnis leer. Ohne das biblische Fundament dagegen bliebe heutige Auferstehungshoffnung unbegründet. Den Auferstehungszeugen damals soll heute geglaubt werden. Daher

folgt dem biblischen Zeugnis ein Auferstehungszeugnis unserer Tage mit dem leicht verständlichen Text ‚Ostern im Ernstfall'. Die Schüler erkennen die Auswirkungen des Osterglaubens für den Schmerz einer Frau. Wie Hiob leidgeprüft, wendet sie sich Gott in der Klage zu und findet Trost. So bewährt sich die Wahrheit des biblischen Auferstehungsglaubens im Schmerz des Alltags. In der Auferweckung Jesu erweist Gott seine Treue den Toten gegenüber. Seine schöpferische Macht umschließt Tod und Leben gleichermaßen. So zeigt sich endgültig, daß Gott ein Gott des Lebens ist.

Es wird allerdings nicht zu übersehen sein, daß der Glaube an die leidüberwindende Kraft der Auferweckung für die Schüler oft schwerer nachvollziehbar ist als Jesu Einsatz gegen das Leid der ausgestoßenen und verachteten Sünder und Kranken. Auferstehungsgeschichten haben für Schüler oft wenig Überzeugungskraft. Wenn schon die Gestalt des irdischen Jesus wegen der historischen Distanz bei den Schülern auf eine gewisse Reserviertheit stößt, dann um so mehr der Glaube an seine Auferstehung. Darauf wird sich der Lehrer einzustellen haben.

B Ziele der Stunde

Die Schüler sollen
- einen Holzschnitt von Andreas Felger in Darstellung und Interpretation erschließen;
- die Ausweglosigkeit, das Dunkel im menschlichen Leben erkennen;
- erfahren, daß die Gegenwart des auferstandenen Jesus Hoffnung auf Überwindung dieser Ausweglosigkeit geben kann;
- die Emmausgeschichte kennenlernen und zum Holzschnitt in Beziehung setzen;

- Auswirkungen des Auferstehungsglaubens auf den Schmerz eines Menschen unserer Zeit nennen können;
- Ähnlichkeiten zwischen der Lebenssituation dieses Menschen und dem Schicksal Hiobs herausfinden.

C Stundenverlauf

Zu Beginn von **Phase 1** werden die Schüler mit dem veränderten Holzschnitt ‚Auf dem Weg nach Emmaus' von Andreas Felger (M 18) konfrontiert. Andreas Felger, geboren 1935, lebt heute mit seiner Familie in der Familienkommunität der Jesus-Bruderschaft in Bad Camberg. Zu seinen Werken gehören Aquarelle und Holzschnitte, die sich u. a. mit Landschaften und biblischen Motiven befassen. Aus dem vorliegenden Bild ist die Gestalt Jesu aus didaktischen Gründen herausgenommen. Es zeigt allein die Jünger auf dem Weg nach Emmaus vor der Begegnung mit dem Auferstandenen. Den biblischen Hintergrund des Bildes erfahren die Schüler erst später in Phase 2. Hier steht das Bild zunächst ganz allgemein für die Ausweglosigkeit menschlichen Lebens. Zu sehen sind darum nur „Zwei, die ins Dunkle gehen. Nach deren Kopf und Herz das Schwarz faßt. Striche sind ihnen durch die Hoffnung ihres Lebens gemacht worden. Schwere Enttäuschung lastet auf ihnen wie ein Kreuz. Klein sind sie geworden unter ihrer Trauer. (...) Zusammengeschoben und beinahe eins in ihrer Enttäuschung." (Ch. Kohler im Begleitheft zur Diamappe ‚Emmaus – Ein Weg', Präsenz Verlag Gnadenthal, o. Jg.)

Die Schüler geben dem Bild zuerst einen Titel und beschreiben dann im Klassengespräch die Darstellung des Leides der beiden: umgeben von Dunkel, eingeengt von schwarzen Balken, keinen festen Grund unter den Füßen. Als einzige vage

Andeutung eines Ausweges könnten Nähe und Gemeinschaft der beiden genannt werden. Für den Vergleich mit dem unveränderten Bild in Phase 2 wird während des Klassengespräches ein Tafelanschrieb angefertigt.

Vor der Betrachtung der zweiten Version des Bildes (M 19) in **Phase 2** liest der Lehrer aus der Emmausgeschichte Lk. 24,13–17 vor und stellt so den biblischen Bezug zu den Bildern her. Die Bildbetrachtung hat vor allem den Vergleich der beiden Bilder zum Ziel. Dabei ist der hohe Abstraktionsgrad von Holzschnitten zu beachten. So sind die Personen nur angedeutet. Die schwarzweiße Wiedergabe des im Original farbigen Holzschnittes stellt eine zusätzliche Abstraktion dar, der durch entsprechende Offenheit bei der Interpretation Rechnung getragen werden sollte. Was verändert sich für die beiden Jünger? Was bleibt? Sie sind nicht mehr allein. Jesus hat sich wie ein Lichtkeil in das Dunkel geschoben. Das Dunkel, das Leid ist nicht ganz verschwunden. Doch müssen die Jünger nicht mehr nur schwarzsehen. Es ereignet sich das, was Heinrich Spaemann in seiner Meditation zum Bild ‚Zugesellung‘ nennt: „Wenn sich im Gespräch von zweien oder dreien eben dieses Leid ausspricht, dieses Mit-Leid und dieses Mit-Gekreuzigtsein – Leid, das sich über all das Entsetzliche nicht hinwegtrösten läßt mit vordergründigen Argumenten –, wenn unser Miteinander-Sprechen Gespräch aus Hunger und Durst nach Gerechtigkeit ist, Gespräch vielleicht von Aufgewühlten, von Hadernden, am Sinn der Welt schier Verzweifelnden, den Sinn des Sinnlosen aber Suchenden, so geschieht die Zugesellung." (Heinrich Spaemann, Andreas Felger, Emmaus – Ein Weg, Hünfelden-Gnadenthal 1991, S. 20) Zum Schluß von Phase 2 wird erneut eine passende Überschrift gesucht. Auf diese Weise werden die Ergebnisse dieser Bildbetrachtung nochmals akzentuiert.

In **Phase 3** wird der Text ‚Ostern im Ernstfall‘ (M 20) von Anton Kner bearbeitet, der den Auferstehungsglauben in einer heutigen Lebenssituation konkretisiert. Eine Frau, die zuerst ihren Mann, dann den einzigen Sohn verlor, findet im Glauben Kraft zum Tragen und Hoffnung auf ein Wiedersehen. Die Bilder in den Phasen 1 und 2 und der Text bilden so eine Einheit in ihrer theologischen Aussage. In Einzelarbeit unterstreichen die Schüler die im Text ausgedrückten Leiderfahrungen – eine leichte, rasch zu erledigende Aufgabe. Danach beschreiben sie die Auswirkungen des Glaubens auf den Schmerz der Frau. Es werden drei Punkte näher ausgeführt: die Klage vor Gott, die den Schmerz löst, das Gebet mit der Bitte um Kraft und dem Dank für unbekümmerte Lebenszeiten, und schließlich die Hoffnung auf ein Wiedersehen – „am Ende ohne Ende".
Im abschließenden Klassengespräch werden drei weitere Aspekte des Textes erörtert. Zuerst wird die Formulierung „Alles dauert nur drei Tage" als Hinweis auf die Überwindung von Leid in der Auferstehung gedeutet. Des weiteren fallen die Anklänge an Hiobs Leid auf. Auch er wurde zunächst durch Verlusterfahrungen auf sich selbst geworfen, dann über die Klage zu einer Begegnung mit Gott geführt und darin getröstet. Und schließlich lassen sich die Bilder aus den Phasen 1 und 2 bestimmten Aussagen des Arbeitstextes zuordnen. Dabei paßt Bild 1 zu den Verlusterfahrungen der Frau (vgl. die Unterstreichungen aus der Einzelarbeit), Bild 2 zu den österlichen Stellen des Textes, vor allem zur Hoffnung, daß Leid in der Auferstehung überwunden ist.

13. Stunde:
Der Heilige Geist als Tröster und Beistand

A Methodisch-didaktische Vorbemerkungen

Theologisch werden menschliches Leid und der Heilige Geist selten in Beziehung gesetzt, didaktisch ist dieser Bezug fast nie zu finden. Darum nimmt diese Stunde auf der einen Seite eine Sonderstellung in einer Unterrichtseinheit zum Leid ein, auf der anderen Seite ist sie integriert in den Gesamtverlauf der Stunden 10 bis 13. Diese bilden einen trinitarischen Antwortversuch auf das Leid und sind so eine theologische Einheit. Aussagen über den Heiligen Geist sind in einer Unterrichtsstunde nie mehr als tastende Ausblicke. Wesentliche theologische Dimensionen des Heiligen Geistes wie z. B. „Jesus als Stätte und Quelle des Geistes", „der Geist als das Gemeinsame Gottes überhaupt" bleiben ausgeblendet. Der Heilige Geist wird allein in seiner Heilsperspektive zur Sprache gebracht. Damit wird er zwar didaktisch „an die Kette gelegt", aber der biblische Boden wird dabei nicht verlassen. Die Bibel beschreibt den Heiligen Geist nie in sich selbst, sondern nur in seinem Wirken. Er zeigt sich in Menschen vor allem als „Paraklet", als tröstender Beistand.

Im ersten Teil der Stunde erarbeiten die Schüler Grundaussagen dieser biblischen Heilsperspektive des Heiligen Geistes mit Stellen aus dem Johannesevangelium und den paulinischen Schriften. Bei beiden zeigt sich der Geist als ein Geist der Liebe, des Glaubens, der Freiheit und der Einheit, ausgegossen in unsere Herzen. In einem zweiten Schritt versuchen die Schüler, diese schwierigen theologischen Aussagen in verschiedenen Bildern zu finden.

Diese abstrakten Aussagen werden dadurch gleichzeitig in den Bildern aufgenommen, aber auch ausgeweitet. Daß nicht alle Bilder zu den biblischen Aussagen passen oder diese übersteigen, kann in dieser Stunde auch positiv verstanden werden. Entspricht doch diese Offenheit gerade dem Wesen des Geistes, der nicht innerhalb bestimmter, auch bildlicher Umgrenzungen fixiert werden kann. Der Geist ist ekstatisch: „Er setzt aus dem jeweils Gewohnten, Fixierten, Begrenzten, Be- und Gefangensein, so und so Bestimmtsein heraus, befreit von diesen, treibt das, was eingeschlossen, in sich verhaust, in sich be-endet, also endlich ist, über sich hinaus." (H. Buchner, Art. Geist, in: Handbuch philosophischer Grundbegriffe, Bd. 1, München 1973, S. 573 f.)

Auch biblisch geschieht die Vergegenwärtigung Jesu durch den Geist dadurch, daß Menschen frei werden und sich vom Gewohnten lösen und aufbrechen. „Der Herr ist der Geist, und wo der Geist ist, da ist Freiheit." (2. Kor. 3,16f.) Das Christsein ist nach Paulus durch das Umgetriebensein vom Geist definiert (Röm. 8,14). Das Klassengespräch versucht, die biblischen Aussagen und die Bilder mit dem Leid zusammenzubringen. Ob die Schüler den Heiligen Geist Jesu als Beistand im Leid verstehen und annehmen können, kann nicht vorausgesehen werden. Die Stunde reduziert die biblischen Geistaussagen auf die Heilsperspektive im Leid. Diese inhaltlich schwierige theologische Sachaussage wird methodisch durch ein Textpuzzle und Bilder erarbeitet. Inhalt und Methode dieser Stunde stehen daher in einem Spannungsverhältnis.

B Ziele der Stunde

Die Schüler sollen

- fünf biblische Aussagen über den Heiligen Geist kennenlernen;
- die Wirkungen des Heiligen Geistes in den biblischen Aussagen erkennen und diese den Bildern zuordnen;
- eine Verbindung zwischen den Wirkungen des Heiligen Geistes und der Not leidender Menschen herstellen;
- sich den Beistand des dreieinigen Gottes für Leidende verdeutlichen und damit die Inhalte der 10. bis 13. Stunde zusammenfassen.

C Stundenverlauf

Phase 1 dient der Erarbeitung von Wirkungen des Heiligen Geistes mit Hilfe eines Textpuzzles. Die Schüler setzen dazu in Einzelarbeit aus vorgegebenen Textteilen fünf Sätze zusammen. Die Textteile werden auf einer Folie oder an der Tafel vorgegeben (Textteile und vollständige Sätze siehe Stundenblätter). Es ergeben sich neutestamentliche Aussagen über den Heiligen Geist, die zum leichteren Verständnis nicht wörtlich wiedergegeben sind. So ist z. B. die biblische Formulierung Joh. 14,26 „Der Beistand aber, der Heilige Geist, den der Vater in meinem Namen senden wird, der wird euch alles lehren und euch an alles erinnern, was ich euch gesagt habe" im Textpuzzle mit „Der Geist steht uns bei und bringt uns die Botschaft Jesu nahe" wiedergegeben. Der spielerische Charakter dieser Phase ist einer Mittelstufenklasse noch angemessen und kann stärker als nur Lesen zu einer vertieften Aufnahme der Inhalte führen.

In **Phase 2** betrachten die Schüler in Partnerarbeit eine Reihe von Bildern, die mit Wirkungen des Heiligen Geistes in Ver-

bindung gebracht werden. Dabei geht es nicht nur um eine einfache Zuordnung von Bildern zu den biblischen Aussagen aus Phase 1. Die Schüler sollen auch begründen, in welchen Bildern diese Wirkungen des Heiligen Geistes am besten zum Ausdruck kommen bzw. welche nicht passen. Die Ergebnisse des Arbeitsauftrages sind einerseits wegen der Offenheit von Bildern schwer vorhersehbar, andererseits ergibt sich diese aus der Offenheit des Geistes. Die Bilder zeigen die Wirkungen des Heiligen Geistes und gehen so über das Worthafte hinaus. Das Wind-Bild (Nr. 2) gibt z. B. das Dynamische des Geistes wieder, der Menschenbaum (Nr. 3) drückt geistgewirkte Einheit und Wachstum aus. ‚Das Wiedersehen' von Ernst Barlach (Nr. 11) erinnert an den Geist als Beistand und Tröster. Das Dürre-Bild (Nr. 1) und das Labyrinth (Nr. 9) sind schwer zuzuordnen. In der Besprechung sollten die positiven Aspekte der Geistwirkungen stärker betont werden, weil der Heilige Geist in Phase 3 besonders als Beistand im Leid herausgestellt wird. Aus diesem Grund ist für die Zuordnung hier auch ein Tafelanschrieb vorgesehen (siehe Stundenblätter).

Im Klassengespräch in **Phase 3** werden die Wirkungen des Heiligen Geistes, wie sie in den biblischen Aussagen und den Bildern zum Ausdruck kommen, mit der Situation leidender Menschen verbunden. Dabei werden die von den Schülern in Phase 2 ausgesuchten Bilder berücksichtigt. Zu beachten ist, daß die Beschäftigung mit dem Heiligen Geist in vielen Religionsstunden eine Randerscheinung ist. Die Bewertung der biblischen Aussagen und Bilder hängt darum auch von der unterschiedlichen Glaubenshaltung der Schüler ab. Doch sind einige der Bilder als Versuch zur Leidbewältigung zu erkennen: Das Bild des Weges (Nr. 8) könnte z. B. als Hinweis auf einen Ausweg aus dem Leid betrachtet werden. Dem entspricht die biblische Aussage: „Der Geist schenkt Freiheit." Des weiteren können die Bilder der Begegnung von Menschen mit Gott (Nr. 3 und 11) einen Leidenden aufrichten. Diesen Bildern ließe sich evtl. der Satz „Der Geist steht uns bei und bringt uns die Botschaft Jesu nahe" zuordnen.

Zum Schluß dieser Stunde wird in **Phase 4** die theologische Klammer um die Stunden 10 bis 13 nochmals verdeutlicht: Der dreieinige Gott steht Menschen im Leid bei. In einer knappen Lehrerinformation hören die Schüler zunächst, daß Gott leidenden Menschen als Schöpfer, in Christus und durch den Heiligen Geist begegnet. Zur Veranschaulichung eignet sich eine Folie mit dem evtl. einigen Schülern schon bekannten Dreieckssymbol für Gott den Schöpfer, Christus und den Heiligen Geist (siehe Stundenblätter). Danach suchen die Schüler in Einzelarbeit im Heft jeweils einen kurzen Satz, der diesen dreifachen Beistand Gottes im Leid ausdrückt. Als Ergebnis könnte formuliert werden, daß Gott als Schöpfer sich dem Leidenden wieder neu zuwendet (10. Std.), menschliches Leid in Christus mitleidet (11. Std.) und in der Auferstehung überwindet (12. Std.) und durch den Heiligen Geist Leidende tröstet und ihnen beisteht (13. Std.).

Der Text „Unser Kind Gott zurückgegeben" (M 23) sollte evtl. als **Hausaufgabe** zur nächsten Stunde durchgelesen werden.

Eigenes und fremdes Leid bestehen

14. Stunde:
Eigenes Leid im Glauben bestehen

A Methodisch-didaktische Vorbemerkungen

Christliche Haltung im und gegenüber dem Leid kann sich nur in der Spannung von Protest und Annahme vollziehen, oder in den Worten Dietrich Bonhoeffers als ‚Widerstand und Ergebung‘. Um die Ergebung in unaufhebbares Leid handelt diese Stunde, um Widerstand gegen veränderbares Leid geht es in der 15. Stunde. Nach dem theologischen Verstehen in der 10.–13. Stunde jetzt existentielles Bestehen von Leid im Glauben.

Dietrich Bonhoeffer mit seinem bekannten Gedicht ‚Wer bin ich?‘, geschrieben 1944 im Gestapo-Gefängnis Berlin-Tegel, und ein Pfarrer, der seinen elfjährigen Sohn bei einem Verkehrsunfall verliert, bezeugen gemeinsam in der Verschiedenheit ihres Leides: sie vertrauen auf Gott. Aus diesem Vertrauen erwächst die Kraft, ihr Leid zu ertragen, ohne daran zu zerbrechen.
Als Einstieg sensibilisiert das Gedicht Bonhoeffers für die Frage Glaube – Zweifel – Leid. Im Mittelpunkt der Stunde steht der Interviewtext ‚Unser Kind Gott zurückgegeben‘. Darin wird die Reaktion eines Pfarrers auf den Unfalltod seines Sohnes Florentin geschildert. Die beiden Zeugnisse stehen in dieser Stunde somit nicht gleichgewichtig nebeneinander.
Der Vater erträgt gläubig sein Leid und stellt sich nicht die quälende Warum-Frage, die gerade bei plötzlichem Leid so häufig aufbricht. Diese Haltung des Va-

ters ist zweifellos ungewöhnlich, denn er verzweifelt nicht, akzeptiert den Tod und findet sofort zum Gebet. Hier, so könnte man sagen, ist der Hiob aus der Rahmenerzählung (6. Std.). Oft geht die Annahme des Leidens auch im Glauben nicht so unvermittelt, sondern geschieht in einem Kampf, in dem Verzweiflung und Annahme sich ablösen. Als der Vater mit seinem toten Florentin im Untersuchungszimmer ist, fängt er an, „fast mechanisch, das Vaterunser zu beten, und es geschah im Bewußtsein, so merkwürdig sich das anhört, daß es so recht ist". In diese Ergebung wird der Pfarrer durch seinen Beruf hineingeführt. Taufen und Beerdigungen von Kindern bilden für ihn eine dauernde Auseinandersetzung mit dem Tod. Er versteht schon die Taufe als ein Zurückgeben des Kindes in Gottes Hand. Dieses Verständnis erleichtert es ihm, den Abschied von Kindern ebenfalls als ein Zurückgeben an Gott zu vollziehen.
Wenn das Gebet als „Ernstfall des Glaubens" gilt, dann ist es im Ernst dieser Leidsituation die angemessene Glaubenshaltung, diesen Tod des Jungen zu verkraften. Anstelle des Vaterunsers hätte man allerdings ein Klagegebet erwartet. Das Gebet ist der Ort, wo Leid angenommen werden kann, und wo der Leidende und sein Leid verwandelt werden können. So wird bei näherem Nachdenken der Verzicht auf die Warum-Frage doch noch verständlich, denn auch ein Christ versteht eigenes und fremdes Leid in der Welt nicht, aber er kann es im Glauben existentiell bestehen. „Es verhält sich mit der Frage nach dem Leid in der Welt genau umgekehrt wie bei Prüfungen sonst: Wer die Frage nicht beantwortet, hat die Prüfung bestanden. Das heißt nicht, daß

wir solche Fragen einfach unbeantwortet lassen sollen. Im Gegenteil, wir sollen uns unablässig um eine Antwort auf sie bemühen. Aber es muß ein unablässiges Bemühen bleiben. Sobald wir dieses Bemühen einstellen und jene Fragen nicht mehr stellen, weil wir sie entweder für endlich beantwortet oder für endgültig unbeantwortet halten, haben wir sie ja beantwortet und damit die Prüfung nicht bestanden. Gerade weil derlei Fragen weder beantwortbar sind noch unbeantwortet bleiben dürfen, üben sie die Funktion eines Stachels aus und treiben uns tiefer ins Nachdenken und ins Glauben hinein." (Heinz Zahrnt, Wie kann Gott das zulassen? Hiob – der Mensch im Leid, München ²1985, S. 84/85)

Das Ungewöhnliche an der Reaktion und die Länge des Textes legen Gruppenarbeit nahe. Schwerpunkt des anschließenden Klassengespräches muß dann die Frage sein, ob die Schüler die Haltung des Vaters einsehen oder sich sogar mit ihr identifizieren können. Je nachdem, wie der Glaube überhaupt im Leben der Schüler greift, greift auch diese Glaubensantwort im Leid.

B Ziele der Stunde

Die Schüler sollen
- die Haltung Bonhoeffers im Gefängnis zwischen Zweifel und Geborgenheit in Gott kennenlernen;
- mit der Reaktion eines Vaters auf den Unfalltod seines Kindes konfrontiert werden;
- erkennen, daß der Vater sich ohne Klage in sein Leid ergibt;
- erfahren, wie er die Situation im Gebet erträgt, ohne die Warum-Frage zu stellen;
- zu dieser Haltung Stellung nehmen.

C Stundenverlauf

Den Einstieg in **Phase 1** bildet das Gedicht ,Wer bin ich?' (M 22) von Dietrich Bonhoeffer, das von einem Schüler vorgelesen wird. Folgende Informationen zur Person Bonhoeffers sollten den Schülern nach dem Vorlesen des Gedichtes genannt werden: 1906 in Breslau geboren, 1923–27 Theologiestudium in Tübingen, 1931 Studentenpfarrer in Berlin, 1935–37 Leiter des Predigerseminars in Finkenwalde an der Ostsee, 1937 erste Kontakte mit der Widerstandsbewegung gegen Hitler, 1940 Redeverbot, 1943 Verhaftung und Einlieferung in das Gefängnis Tegel in Berlin, 1945 Hinrichtung durch Erhängen im Konzentrationslager Flossenbürg im Bayrischen Wald.

Im Klassengespräch wird dann die Haltung Bonhoeffers aus der Sicht der Mithäftlinge und aus seiner eigenen Sicht erarbeitet. Während jene ihn als gefaßt, heiter und stolz erleben, nimmt er sich selbst als unruhig, einsam und angstvoll wahr. Zwar drücken die vielen Fragen im Gedicht seine Zweifel aus, doch läßt der Schluß Bonhoeffers gläubige Grundhaltung erkennen: „Wer ich auch bin. Du kennst mich, Dein bin ich, o Gott!"

Die Schüler lernen in **Phase 2** am Beispiel eines Todesfalles kennen, wie eigenes Leid im Glauben von einem Vater bestanden werden kann. Dazu wird der Text ,Unser Kind Gott zurückgegeben' (M 23), der von den Schülern als Hausaufgabe gelesen sein sollte, bearbeitet. Der Text schildert den tödlichen Unfall des elfjährigen Florentin, der beim Überqueren eines Bahnübergangs von einem Zug erfaßt wird. Florentins Vater, Pfarrer von Beruf, kommt wenig später zur Unfallstelle seines Kindes. Der Text enthält zwei Hauptaspekte dieses Unfalltodes: die Reaktion des Vaters und seine theologische Reflexion des Leides. Die Länge des Textes und die verschiedenen Aspekte sprechen für eine Bearbeitung in Gruppen. Das Sammeln der Ergebnisse und deren Diskussion erfolgen in den Phasen 3 und 4. Zur schnelleren Auswertung werden die Gruppenergebnisse auf Folie geschrieben.

Gruppe 1 beschreibt und begründet die Reaktion des Vaters mit Hilfe der Textabschnitte I und II. Darin wird deutlich, daß der Vater diesen Tod nicht versteht, aber auch nicht daran verzweifelt. Er findet diesen Tod in Ordnung. Für seine Haltung sind diese Gründe erkennbar: so wie er die Taufe als ein zeichenhaftes Zurückgeben des Kindes an Gott erlebt, so erlebt er den Tod als ein endgültiges Zurückgeben. Im nachhinein begreift er Beerdigungen von Kindern, die er als Pfarrer miterlebt, als Vorbereitung auf den Tod des eigenen Kindes.

Gruppe 2 untersucht die Rolle des Pfarrerberufes für die Haltung des Vaters und sucht Argumente, mit denen der Vater die Warum-Frage für unbeantwortbar hält. Grundlage dafür sind die Abschnitte II und III. Wie schon bei Gruppe 1 werden auch hier Taufen und Beerdigungen genannt werden, bei denen sich Pfarrer jedesmal mit der Todesfrage auseinandersetzen können. Die Warum-Frage wird vom Vater abgelehnt, weil er Leid gar nicht erklären will und kann. Er erkennt seine Begrenztheit gegenüber der Warum-Frage und lebt im Glauben an die Geborgenheit in Gott.

In **Phase 3** werden die Ergebnisse der Gruppenarbeit zügig gesammelt, da aus jeder Gruppe Ergebnisse auf Folie vorliegen. Allerdings muß am Ende dieser Phase den Schülern Zeit gelassen werden, um die Ergebnisse durch einen Hefteintrag zu sichern.

Die Antworten aus der Gruppenarbeit zur letzten Frage nach Zustimmung oder Ablehnung der Haltung des Vaters werden im Klassengespräch in **Phase 4** diskutiert. Es ist dabei mit sehr kontroversen Stellungnahmen zu rechnen. Zustimmung ist evtl. nur von solchen Schülern zu erwarten, die selbst in einer vertrauenden Glaubenshaltung leben. Selbst im Leid wissen sie sich in Gott geborgen. Auch die frühzeitige Beschäftigung mit Tod und Auferstehung kann zu einer Haltung wie der des Vaters führen.

Für den anderen Teil der Schüler wird die Reaktion des Vaters unverständlich bleiben. Für sie wären vielleicht Klage und Trauer wie bei Hiob eher nachvollziehbar. Sie äußern Zweifel an einem Gott, der solches Leid zuläßt. Der Vater geht für diese Schüler der Warum-Frage zu leicht aus dem Weg.

15./16. Stunde:
Fremdes Leid aus dem Glauben mitleiden

A Methodisch-didaktische Vorbemerkungen

In der 14. Stunde stand die Annahme von unveränderbarem Leid im Mittelpunkt, in dieser Doppelstunde wird der Widerstand gegen veränderbares Leid thematisiert. Es ergeben sich für diese Stunde zwei Schwerpunkte: das Problem der Wohnungslosigkeit und individuelle Hilfe für Wohnungslose aus dem Glauben. Mitleiden aus dem Glauben verändert Leid. Konkretisiert wird diese Glaubensaussage in der Doppelstunde am Beispiel des Mitleidens des Lokführers W. Lorenz. Er kümmert sich als Glaubender um Wohnungslose. Die Hilfe für Wohnungslose ist ein mögliches konkretes Beispiel des Mitleidens. Der Lehrer kann jederzeit andere, vielleicht näherliegende Beispiele an dieser Stelle der Unterrichtseinheit einbauen.

Nach einer eher emotionalen Sensibilisierung für die Not Wohnungsloser werden die gängigen Einstellungen zu diesen Menschen kurz angesprochen. Dabei wird anstelle des Begriffes „Nichtseßhafte" die Bezeichnung „Wohnungslose" verwendet. „Es läßt sich also festhalten, daß ca. 90% der ‚Nichtseßhaften' ortsgebunden leben und nicht umherziehen, ca. 85% der ‚Nichtseßhaften' in einer Wohnung zu leben wünschen, nur 5% angeben, nichtseßhaft leben zu wollen, und der Rest einen auf die eine oder andere Weise ambivalenten Standpunkt einnimmt.

Wir kommen zu dem erstaunlichen Ergebnis, daß alleinstehende, wohnungslos lebende Personen unzutreffend und vollkommen irreführend als Nichtseßhafte bezeichnet werden.

Die Daten machen ferner deutlich, daß sich fast alle Nichtseßhaften gegen ihren Willen auf der Straße – also in einer sehr belastenden Lebenssituation – befinden und für sich andere Lebensformen anstreben, die sie offenkundig aus eigener Kraft nicht erreichen können." (W. John, ... ohne festen Wohnsitz ..., Ursache und Geschichte der Nichtseßhaftigkeit und die Möglichkeiten der Hilfe, Bielefeld 1988, S. 31) Im Anschluß an diese erste Hinführung zur Thematik werden verschiedene Ursachen für Wohnungslosigkeit bei zwei Betroffenen näher untersucht. Dabei wird deutlich, daß nicht immer, wie oft gedankenlos unterstellt, subjektives Verschulden für die Wohnungslosigkeit ausschlaggebend ist, sondern daß viele Wohnungslose schon von den ersten Lebensjahren an durch Heimaufenthalt und dann wechselnde Arbeitsverhältnisse verringerte Chancen zur sozialen Integration hatten.

Risikofaktoren für das Abgleiten in die Wohnungslosigkeit sind neben der Herkunft aus unteren sozialen Schichten eine abgebrochene Schul- und Berufsausbildung und Arbeitslosigkeit. Als Folge davon ergeben sich ein Zwang zur Mobilität, finanzielle Schwierigkeiten und Wohnungsverlust. Diese Ursachen gewinnen in unserer Gesellschaft immer mehr an Stärke, so daß die Zahlen Wohnungsloser rasch ansteigen. Es handelt sich um ein verschärftes soziales Problem, dem sich auch der Religionsunterricht angemessen stellen muß. Abgesehen von der Beschäftigung mit den Ursachen für Wohnungslosigkeit, versuchen die beiden Fallbeispiele, einen eher emotionalen Zugang zum Problem „Wohnungslosigkeit" zu finden. Im Anschluß an die Fallbeispiele lernen die Schüler in Phase 3 institutionelle Hilfen kennen. Diese Hilfen werden nur andeutungsweise vorgestellt, ohne näher auf die Effizienz dieser Hilfsmaßnahmen eingehen zu können. Der Schwerpunkt der Doppelstunde liegt eindeutig auf dem persönlichen Einsatz anhand eines konkreten Beispiels, weniger auf dem Problem der institutionellen Hilfe oder gar bei der Aufarbeitung der Gesamtproblematik.

Im zweiten Teil der Doppelstunde, in Phase 4, steht die Hilfe von W. Lorenz im Vordergrund. Der Film ‚Menschen, die auf der Straße schlafen' zeigt, wie sich W. Lorenz individuell, ohne Hilfsorganisationen, um Wohnungslose kümmert. Er handelt bewußt christlich und dokumentiert, daß die Werke der Barmherzigkeit auch heute getan werden können. Zu beachten ist, daß es sich bei diesem Film trotz des Spielfilmcharakters um einen dokumentarischen Film handelt, der an authentische Fakten anknüpft. Er kann daher in seiner Konkretheit selbstverständlich nicht die ganze Sachproblematik Wohnungsloser zur Sprache bringen. Deutlich werden sollte den Schülern, wie aus christlichen

Motiven ein einzelner mitleidet und dadurch das Leid Wohnungsloser ein wenig gelindert wird. Christentum ist immer dieser Imperativ zum tätigen Mitleiden. Die Konkretion dieses Imperatives bleibt jedem, auch jedem Schüler angesichts der unmäßigen Not vorbehalten. Doch jede Aufforderung zur Hilfe lebt aus vorausgegangener Zuwendung Gottes zu uns. Anders gesagt: nur dann wirkt christlicher Glaube auch für Schüler nicht moralisierend, wenn der Aufforderung zur Hilfe die Zuwendung Gottes vorausgeht und betont wird.

B Ziele der Stunde

Die Schüler sollen
- das Problem Wohnungslosigkeit kurz beschreiben;
- die Hoch- und Tiefpunkte in der Biographie zweier Wohnungsloser erkennen;
- diese Biographien graphisch in Lebenskurven umsetzen und vergleichen;
- Institutionen, die sich um Wohnungslose kümmern, nennen können;
- aus einem Film Beispiele individueller Hilfe sammeln;
- diese Hilfe als ein Mitleiden aus christlicher Motivation verstehen.

C Stundenverlauf

In **Phase 1** werden zwei Bilder zur Wohnungslosigkeit betrachtet (M 24). Die Schüler werden zunächst „Armut", „Bettelei", „Penner" als Stichworte zu allen Bildern nennen. Vielleicht muß der Begriff „Wohnungslosigkeit" vom Lehrer eingebracht werden. Es werden Einstellungen besprochen, die in den Begriffen „Penner" oder „Landstreicher" zum Ausdruck kommen. Hierbei ist zu erwarten, daß Schüler die gängigen Vorurteile nennen, wenn nicht gar teilen, daß diese Menschen faul, häufig betrunken und an ihrer Lage selbst schuld seien.

Eine differenziertere Wahrnehmung des Problems wird durch die Erörterung zweier Fallbeispiele (M 25) in **Phase 2** ermöglicht. Fallbeispiel 1, Ernst A., wird gemeinsam im Klassengespräch bearbeitet. Die methodische Erschließung dieses Beispieles stellt ein Muster für die anschließende Partnerarbeit dar, bei der Fallbeispiel 2 von den Schülern selbständig ausgewertet werden soll. Zunächst nennen die Schüler Ereignisse im Leben von Ernst A., die zu seiner Wohnungslosigkeit führen: Arbeitsunfall, wechselnde Beschäftigungen, Alkoholkonsum, Scheidung. Danach werden verschiedene Hoch- bzw. Tiefpunkte seines Lebens erarbeitet. Als Hochpunkte können z. B. erfolgreiche Lehre und Eheschließung angeführt werden, während wechselnde Arbeitsverhältnisse und Scheidung als Tiefpunkte erscheinen. Dieser Schritt erleichtert die gemeinsame graphische Umsetzung der Biographie von Ernst A. in eine Lebenskurve. Dazu werden von den Schülern Vorschläge gemacht, die am besten auf Folie umgesetzt werden. Eine mögliche Kurve ist in den Stundenblättern wiedergegeben. Die Erarbeitung der Lebenskurven stellt einen methodischen Kontrast zur Textarbeit dar und erleichtert den Schülern einen Überblick über die Biographien. Fallbeispiel 2 wird nun entsprechend in Partnerarbeit ausgewertet und graphisch umgesetzt (mögliche Ergebnisse siehe Stundenblätter).
Den Abschluß von Phase 2 bildet ein kurzes Klassengespräch, in dem die beiden Lebenskurven verglichen werden. Es zeigt sich am Verlauf der Kurven, daß Ernst A. aus gesicherten sozialen Verhältnissen heraus in die Wohnungslosigkeit

abstürzt, während Franz W. schon von Kindheit an mit widrigen Lebensumständen zu kämpfen hat.

In **Phase 3** lernen die Schüler anhand einer Textcollage (M 26) den Bereich institutioneller Hilfe für Wohnungslose kennen. Bei der Aufzählung der Institutionen und Hilfen wird keine Vollständigkeit angestrebt. Diese Phase dient lediglich der Überleitung und Kontrastierung der individuellen Hilfen, die in der folgenden Phase erarbeitet werden. In Einzelarbeit werden Namen von Institutionen und Gruppen sowie Beispiele ihrer Hilfen aus den Texten herausgeschrieben. Ein Tafelanschrieb ist nicht erforderlich, da die Arbeitsaufgaben leicht sind.

Phase 4 veranschaulicht die individuellen Hilfen des Lokführers W. Lorenz durch den Film ‚Menschen, die auf der Straße schlafen' (FWU 323560; auszuleihen bei Landes- und Kreisbildstellen). Gezeigt wird das ehrenamtliche Engagement von W. Lorenz für Wohnungslose in München. „In seiner Freizeit kümmert er sich um Nichtseßhafte, Penner, Stadtstreicher: er bringt ihnen warmes Essen, verschafft ihnen Kleidung, Arbeit und Wohnung, spendet Trost und hilft bei Behördengängen. W. Lorenz handelt ohne Organisation hinter sich, aus christlicher Motivation. (...) Davon vermittelt der Film Eindrücke mit Hilfe einer beobachtenden und erzählenden Kameraführung. Die Bildfolgen erklären sich selbst, vertieft durch Aussagen der Betroffenen. Wie jeder dokumentarische Film ist auch der vorliegende an authentische Vorgänge und Fakten gebunden. (...) Die Dokumentation strebt Identität von filmischer Reproduktion mit dem tatsächlichen Ereignis an: die Filmwirklichkeit stimmt mit der Realität des oft unwiederholbaren Geschehens, des gelebten Augenblicks in hohem Maße überein." (J. Bartak, A. Täubel, Begleitkarte zum Film, Grünwald 1984). Die Schüler suchen die oben genannten Hilfen aus dem Film heraus.

Im Klassengespräch in **Phase 5** wird die Hilfe von W. Lorenz als Mitleiden verstanden. Nach den Gründen für sein Mitleiden befragt, gibt W. Lorenz christliche Motive an. Er sieht in den Wohnungslosen ein Abbild Christi und realisiert so ein Grundanliegen des Glaubens – nämlich: Nächstenliebe zu üben.

Materialien für Klassenarbeiten

1. Brief eines krebskranken Mädchens an seine Eltern

„Liebe Mutti, lieber Vati,
gestern sagte mir der Professor, daß ich sehr tapfer sein müsse. Ich sei schwer krank und müßte viel durchmachen. Krebs, ein Wort, das ich nur vom Hörensagen kannte, hat auch mich befallen. Heute morgen, als ich aufwachte, ging mir eine Frage durch meinen Kopf, werde ich überhaupt wieder gesund oder muß ich sterben?
Nur gut, daß Ihr mich jeden Tag besucht. Das gibt mir die Kraft, weiterleben zu wollen. Eine große Bitte, schließt mich in Euer Gebet mit ein. Vielleicht hat der liebe Gott ein Einsehen und lindert mir meine Schmerzen etwas. Davor habe ich am meisten Angst, wenn sie unerträglich werden. Wenn ich die vielen Tabletten nehmen muß, Spritzen bekomme und meine Haare ausfallen.
Heute saß an meinem Fenster, zu dem ich immer wieder von meinem Bett hinaussehe, ein kleiner niedlicher Vogel. Er sah mich mit seinem kleinen Köpfchen an, so als wollte er zu mir sagen, sicher wirst du bald wieder gesund. Halte durch. Sei nicht traurig. Ja, er hat es gut, denn er kann in die Freiheit fliegen, wohin er möchte. Sollte ich aber eines Tages doch sterben müssen, zwitschert er mir dann im himmlischen Garten ein Lied. Wo es keinen Krebs gibt.
Seid auch Ihr alle tapfer und verzagt nicht. Ich versuche es auch zu sein. Über jeden Tag, den ich erleben darf, freue ich mich.
Eure Euch von ganzem Herzen liebende Tochter Gabriela.“

(Ralph Sauer, Gott – lieb und gerecht?, Junge Menschen fragen nach dem Leid, Verlag Herder, Freiburg – Basel – Wien, 1. Aufl. 1992, S. 163f.)

Fragen:

a) Begründe, daß Gabriela eine Grenzsituation erfährt.
b) Belege aus dem Text, daß sie ihre Grenzerfahrung auch positiv erlebt.

2. Wie kann Gott das zulassen?

Daß Gott einen Menschen – wie in hoffentlich vergangenen Zeiten Eltern ihre Kinder oder Lehrer ihre Schüler – durch jeweils ausgesuchte und abgestufte Arten von Leiden straft oder auf die Probe stellt, um ihn nach bestandenem Glaubensexamen gleichsam in die nächsthöhere Klasse zu versetzen, ist für mich eine unannehmbare, ganz und gar unvorstellbare Gottesvorstellung. Ein Gott, der die Menschen durch jeweils abgestufte und entsprechend ausgesuchte Leiden prüft, kommt mir vor wie ein Turnierveranstalter, der einen Parcours aufgebaut hat und nun vom Schiedsrichterturm aus zuschaut, wie die Reiter ihn nehmen: ob sie die Hindernisse schaffen oder über sie stürzen, oder wie ein Jäger, der Fallen gestellt und Schlingen gelegt hat und nun im Dunkel des Walddickichts hockt und beobachtet, wie die Tiere sich darin fangen.

(Heinz Zahrnt, Wie kann Gott das zulassen? © R. Piper GmbH & Co. KG, München 1985, S. 36)

Fragen:

a) Erläutere die Deutung von Leid aus dem Text.
b) Nenne zwei weitere Deutungen. Denke dabei an die Freunde Hiobs.
c) Begründe, warum Hiob und Gott die Deutungsversuche ablehnen.

3. Gott und das Leid

Wolfgang Borchert schreibt in seinem Theaterstück ‚Draußen vor der Tür‘: „Kümmert Gott unser Elend nicht, nimmt er davon überhaupt keine Notiz?"

Aufgaben:

a) Formuliere eine Antwort auf diese Frage. Berücksichtige dabei Leben und Tod Jesu.
b) Welche Hoffnung kann der Auferstehungsglaube einem leidenden Menschen schenken?

4. Gesellschaftliches Leid

Stelle ein aktuelles Beispiel von gesellschaftlichem Leid dar. Gehe dabei auf Vorurteile und daraus folgende Handlungen gegenüber Betroffenen ein.
Versuche, drei konkrete Hilfsmaßnahmen für die Betroffenen zu finden.

5. Hiob

A. Birkle, Hiob, Zeichnung Hiob 3

Aus: Ralph Sauer, Gott – lieb und gerecht?
Verlag Herder, Freiburg – Basel – Wien 1991

Fragen:

a) Welche Situationen aus dem Hiob-Buch sind in den Bildern dargestellt?
b) Versuche, die leidvollen ‚Verstrickungen‘ Hiobs kurz zu schildern.
c) Gott antwortet Hiob mit Bildern und Fragen zur Schöpfung. Gib zwei mögliche
   Deutungen dieser Gesamtantwort wieder.

6. Der Heilige Geist

<u>Fülle die Lücken aus:</u>

Der Heilige Geist wird in der Bibel auch als _____ bezeichnet.

Zu seinen Wirkungen gehört, daß er _____

_____ , und daß er

_____

_____ .

Zu diesen oder anderen Wirkungen passen u. a. folgende drei Bild-Vorstellungen:

I _____

II _____

III _____

Gott begegnet also Leidenden als dreieiniger Gott, nämlich als _____ ,

in _____ und durch die Wirkungen des _____ .

Literaturverzeichnis

Ausländer, Inf. zur pol. Bildung, hg. Bundeszentrale für pol. Bildung, Heft 237, München 1992

Barlach, Ernst: Die Briefe I und II, hg. F. Droß, München 1968/69

Barlach, Ernst: Das dichterische Werk in drei Bänden, Bd. III: Die Prosa II, hg. F. Droß, München 1956–59

Barlach, Ernst: Werke und Werkentwürfe aus fünf Jahrzehnten, Katalog 1, Berlin (DDR) 1981

Bonhoeffer, Dietrich: Widerstand und Ergebung, hg. E. Bethge, München [9]1976

Buber, Martin: Gottesfinsternis, Zürich 1953

Buchner: Art. Geist, in: Handbuch philosophischer Grundbegriffe, Bd. 1, München 1973

Diehl, Klaus Jürgen: Jesus bringt's, Ein Glaubenskurs für junge Leute, Gießen [3]1991

Ebach, Jürgen: Herr, warum handelst du böse an diesem Volk?, Klage und Anklage Gottes in der Erfahrung des Scheiterns, in: Concilium, Internationale Zeitschrift für Theologie, 26. Jg., Heft 5, Zürich – Mainz – Nimwegen 1990

Engel, Winfried u. a. (Hg.): suchen und glauben, 10. Schuljahr, Hildesheim 1981

Frisch, Max: Gesammelte Werke, Bd. II/2, Frankfurt 1976

Ginsberg, Ernst: Abschied, Zürich [6]1965

Gonzalez, Angel: Ijob, der Kranke, in: Concilium, Internationale Zeitschrift für Theologie, 12. Jg., Heft 11, Zürich – Mainz–Nimwegen 1976

Hanisch, Helmut/Haas, Dieter: 24 Unterrichtseinheiten für den Religionsunterricht Hauptschule 8./9. Schuljahr, Stuttgart [2]1987

Held, Elisabeth u. a. (Hg.): Religion am Gymnasium 7, Unterrichtswerk für kath. Religionslehre, München 1985

Horst, Friedrich: Hiob, Kap. 1–19, Neukirchen-Vluyn 1983

John, Wolfgang: ... ohne festen Wohnsitz ..., Ursache und Geschichte der Nichtseßhaftigkeit und die Möglichkeiten der Hilfe, Bielefeld 1988

Keel, Otmar: Jahwes Entgegnung mit Ijob, Göttingen 1978

Klemm, Michael / Hebeler, Gerlinde / Häcker, Werner (Hg.): Tränen im Regenbogen, Phantastisches und Wirkliches – aufgeschrieben von Mädchen und Jungen der Kinderklinik Tübingen, Tübingen 1989

Kluge, Jürgen (Hg.): Entdeckungen machen, Unterrichtswerk für den ev. Religionsunterricht in der Sekundarstufe I, Bd. 7/8, Bd. 9/10, Düsseldorf 1988

Kner, Anton: Das geistliche Wort, Bd. III, Volkach o. J.

Krockauer, Rainer: Abschieben oder Aufnehmen, Christen engagieren sich für Asylsuchende und Flüchtlinge, München 1990

Küng, Hans: Christ sein, München – Zürich 1974

Küng, Hans: Credo, Das Apostolische Glaubensbekenntnis – Zeitgenossen erklärt, München 1992

Lewis, Clive Staples: Über den Schmerz, München 1978

Longardt, Wolfgang: Spielbuch Religion 2, Zürich – Köln 1981

Maag, Victor: Hiob, Göttingen 1982

Neuenzeit, Paul (Hg.): Bilder der Hoffnung, 24 Holzschnitte zur Bibel von Walter Habdank, Bd. 1, München 1980

Reding, Paul: Nebenan ist Jericho, Kevelaer 1970

Reiser, Werner: Hiob, Ein Rebell bekommt recht, Stuttgart 1991

Sauer, Ralph: Gott – lieb und gerecht?, Freiburg 1991

Sölle, Dorothee: Leiden, Stuttgart [3]1976

Spaemann, Heinrich / Felger, Andreas: Emmaus Ein Weg, Hünfelden – Gnadenthal 1991

Steiger, Ludwig: Die Wirklichkeit Gottes in unserer Verkündigung. Festschrift H. Diem zum 65. Geburtstag, hg. M. Honecker und L. Steiger, München 1965

van Oorschot, Jürgen: Gott als Grenze, Berlin – New York 1987

Von Gottes Hand gepackt, Biblisches Arbeitsbuch, hg. Kurt Bätz, Heinz Schmidt, Heft 8, Lahr 1980

Vorurteile und Feindbilder, Politik und Unterricht, hg. Landeszentrale für pol. Bildung, Heft 3/90, Villingen-Schwenningen 1990

Weber, Roland: Lebensbedingungen und Alltag der Stadtstreicher in der Bundesrepublik, Bielefeld 1984

Westermann, Claus: Das doppelte Gesicht Ijobs, in: Concilium, Internationale Zeitschrift für Theologie, 19. Jg, Heft 11, Zürich – Mainz – Nimwegen 1983

Zielinski, Helmut (Hg.): Ist dir überhaupt klar, daß ich AIDS habe? Briefe eines HIV-Positiven, Mainz 1989

Zahrnt, Heinz: Jesus aus Nazareth, Ein Leben, München 1987

Zahrnt, Heinz: Wie kann Gott das zulassen? Hiob – Der Mensch im Leid, München [2]1985

Inhalt des Materialienheftes
„Materialien Hiob – der Mensch im Leid"

Klettbuch 26882

Die Grenzerfahrung Leid

Hiob – der Mensch im Leid

Der trinitarische Gott und das Leid

Eigenes und fremdes Leid bestehen

STUNDENBLÄTTER
Religion
für die Sekundarstufe I

Hans Getzeny
Stundenblätter
Freundschaft - Liebe - Partnerschaft
Klettbuch 926741

Materialienheft für Schüler: Klettbuch 26863

Horst Gorbauch/Dorothea Mehner-Weber
Stundenblätter
Glaube und Fehlformen des Glaubens
Klettbuch 926713

Materialienheft für Schüler: Klettbuch 26877

Anneliese Schulz
Stundenblätter
Den Nächsten lieben - Das Notwendige tun
Außenseiter - Ausländer - Behinderte
Klettbuch 926744

Materialienheft für Schüler: Klettbuch 26869

Anneliese Schulz
Stundenblätter Zeit und Umwelt Jesu
Das Heilige Land - Die Bibel
Klettbuch 926708

Materialienheft für Schüler: Klettbuch 26875

Siegfried Schulz
Stundenblätter Bergpredigt
Klettbuch 926742

Materialienheft für Schüler: Klettbuch 26864

Siegfried Schulz
Stundenblätter Christen und Juden
Klettbuch 926703

Materialienheft für Schüler: Klettbuch 26867

Manfred Häußler/Albrecht Rieder
Stundenblätter
Hiob - der Mensch im Leid
Klettbuch 926719

Materialienheft für Schüler: Klettbuch 26882

Siegfried Schulz
Stundenblätter
Sterben - Tod - Auferstehung
Klettbuch 926721

Materialienheft für Schüler: Klettbuch 26861

Hartmut Fischer
Stundenblätter Paulus
Klettbuch 926715

Materialienhaft für Schüler: Klettbuch 2688

Siegfried Schulz
Stundenblätter Der Islam:
Christen begegnen Muslimen
Klettbuch 926716

Materialienheft für Schüler: Klettbuch 26881

STUNDENBLÄTTER
Religion

für die Sekundarstufe II

Wolfgang Albers
Stundenblätter
Menschenwürde - Menschenrechte
Christliches Handeln in der Welt
Klettbuch 926743

Materialienheft für Schüler: Klettbuch 26868

Bernhard Bosold
Stundenblätter Gesellschaftliche Normen
- Theologische Ethik
Klettbuch 926701

Materialienheft für Schüler: Klettbuch 26866

Horst Gorbauch / Dorothea Mehner
Stundenblätter Umgang mit der Bibel
Klettbuch 926711

Hans Huber
Stundenblätter Jesus Christus
Klettbuch 926702

Materialienheft für Schüler: Klettbuch 26865

Bernhard Oßwald
Stundenblätter Gottesglaube - Atheismus
Klettbuch 926745

Materialienheft für Schüler: Klettbuch 26871

Albrecht Rieder
Stundenblätter Sinnfrage
Klettbuch 926704

Materialienheft für Schüler: Klettbuch 26872

Martin Schmidt-Kortenbusch
Stundenblätter
Ökologische Verantwortung
Testfall christlicher Ethik
Klettbuch 926706

Materialienheft für Schüler: Klettbuch 26874

Dittmar Werner
Stundenblätter Frau und Mann
Ein Kapitel feministischer Theologie
Klettbuch 926712

Materialienheft für Schüler: Klettbuch 26878

Martin Schmidt-Kortenbuch
Stundenblätter
Ökumenische Gemeinschaft
der Hoffnung - Kirche
Klettbuch 926714

Materialienheft für Schüler: Klettbuch 26879

Hermann Ehmann
Stundenblätter
Menschenbilder
Klettbuch 926724

Materialienheft für Schüler: Klettbuch 26883

Bernhard Oßwald
Stundenblätter
Glauben und Wissen
Klettbuch 926725

Materialienheft für Schüler: Klettbuch 26884